DESPERTANDO QUEM VOCÊ É

GABRIELA FALVELLA STAPFF

Como viver consciente em um mundo em que todos se sentem perdidos

DESPERTANDO QUEM VOCÊ É

academia

Copyright © Editora Planeta do Brasil, 2023
Copyright © Gabriela Falvella Stapff, 2023
Todos os direitos reservados.

Preparação: Ligia Alves
Revisão: Fernanda França e Bonie Santos
Projeto gráfico e diagramação: Negrito Produção Editorial
Capa: Filipa Damião Pinto | Foresti Design

CIP-BRASIL. CATALOGAÇÃO NA PUBLICAÇÃO
ANGÉLICA ILACQUA CRB-8/7057

Stapff, Gabriela Falvella
 Despertando quem você é: como viver consciente em um mundo em que todos se sentem perdidos / Gabriela Falvella Stapff. - São Paulo: Planeta do Brasil, 2023.
 176 p.

 ISBN: 978-85-422-2186-2

 1. Desenvolvimento pessoal 2. Autoconhecimento I. Título

23-1602   CDD 158.1

Índice para catálogo sistemático:
1. Desenvolvimento pessoal

 Ao escolher este livro, você está apoiando o manejo responsável das florestas do mundo

2023
Todos os direitos desta edição reservados à
Editora Planeta do Brasil Ltda.
Rua Bela Cintra, 986, 4º andar – Consolação
São Paulo – SP – 01415-002
www.planetadelivros.com.br
faleconosco@editoraplaneta.com.br

AGRADECIMENTOS

Gratidão a Deus, por despertar a minha consciência.
Aos meus ancestrais, por despertarem a minha força.
Aos meus pais, por despertarem os meus valores.
Ao meu irmão, por despertar a minha responsabilidade.
Aos meus alunos, por despertarem a minha aprendizagem.
Aos meus amigos, por despertarem a minha compaixão.
Ao meu marido, por despertar o meu melhor.
Aos meus filhos, por despertarem quem ainda posso me tornar.
A todos os seres que direta ou indiretamente me permitem experiências para que eu possa despertar cada vez mais quem sou.

Sumário

Introdução 13

Os 4 Ps da leitura consciente 19

1. Estar perdido é um chamado 21
   Por que você se sente perdido 21
   Estar perdido é um sintoma 23
   Ressignificando a energia de estar perdido 25
   Ouvindo o chamado 28
   O desconforto é causa ou efeito 30
   A ilusão de estar pronto 32
   Hora de despertar 34

2. Quem você não é 39
- Você não é o que pensa e sente 39
- Você não é o seu status 42
- Você não é o que esperam de você 45
- Você não é o seu passado 47
- Você não é o que possui 49
- Você não é o que produz 52
- Você não é o seu corpo 54

3. O que te trouxe até aqui 59
- Escolhas distorcidas 59
- Falta de clareza e o hiperestímulo mental 62
- Estado de inconsciência e de reatividade 68
- Relacionamentos e ambientes distorcidos 71
- Combustível incoerente 75
- Medo de errar e de ser julgado 77
- Inércia e busca pela estabilidade 80
- "Desconexão" com a fonte 82

4. O que te levará para a sua nova realidade 85
- Decisão e intenção 85
- Relacionamentos conscientes 88
- Coerência entre valores e ações 95
- Reconexão com os seus sonhos e porquês 97
- Curar, perdoar e ressignificar 102
- Se conhecer constantemente 104
- Honrar a sua verdade e acreditar no seu poder pessoal 107

5. De ator a autor da sua vida ... 111
   Comece pelo cômodo mais sujo ... 111
   A arte de desaprender ... 114
   Removendo as máscaras ... 118
   Honrando a sua história ... 121
   Ativando a autorresponsabilidade ... 126
   Libertando-se da vítima interior ... 129
   Resgatando seu poder pessoal ... 132
   Aceitando a realidade ... 135

6. Transbordando quem você é ... 141
   Pare de desejar uma vida positiva ... 141
   A morte como sentido para a vida ... 144
   Os seus desafios são do tamanho da sua alma ... 148
   O poder da coerência ... 150
   Vivendo pelo coração para cumprir a sua missão ... 158

A sua missão a partir deste livro ... 165

Introdução

Eu nunca gostei de ler. Isso mesmo, eu nunca gostei de ler e vou começar o meu primeiro livro te explicando por quê. Desde muito nova eu só era apresentada a leituras escolares que não me interessavam e que sinceramente eu achava um saco. Eram sempre livros sobre assuntos que não faziam meus olhos brilharem ou que eram complexos demais para a minha limitação como leitora.

Sempre fui uma grande questionadora, e na escola não poderia ser diferente. Eu questionava o motivo de não poder ler sobre algo que eu amasse, ou melhor: por que raios ninguém nunca me ensinou diferentes maneiras de ler e aprender? Questionava o porquê de gastar horas em temas nos quais eu não tinha o mínimo interesse, quando tudo o que eu consumia passava longe do que realmente me dava sede de vida (na época eram as aulas de artes e o contato com os animais). Questionava o motivo de ser avaliada por um conhecimento que eu não queria ter, e o porquê de o meu valor como ser humano ser medido com base nos boletins anuais. Questionava o uniforme e a falta de espaço para a criatividade. Questionava a convivência obrigatória com crianças com quem eu não me dava bem e que, como você pode imaginar, faziam bullying comigo pela minha aparência, notas baixas e gostos pessoais. Questionava o fato de as aulas terem um formato passivo, com toda a turma mantida no piloto automático.

Eu era uma rebelde dos questionamentos, principalmente a respeito do que me obrigavam a ler. O tempo foi passando e, como a maioria dos jovens, eu simplesmente sobrevivia ano após ano, sem me destacar em nada e abafando cada vez mais o meu poder pessoal. A adolescência e a vida adulta chegaram, mas os questionamentos nunca me abandonaram.

Pulando de emprego em emprego, eu tentava achar algo que me fizesse feliz. Afinal, se você passa a maior parte da vida trabalhando, não faz sentido estar em algo que detesta ou que vai contra os seus valores. Mudei de casa, de cidade, de país... Tentava de tudo para acabar com a sensação de vazio que havia me acompanhado a vida toda.

Até que um dia uma amiga me recomendou um curso de coaching que ela achava "a minha cara". Pesquisei sobre o assunto e pela primeira vez encontrei algo que me dava gosto estudar, que fazia sentido no meu coração e que gerava em mim o desejo genuíno de me desenvolver. Pedi para o meu marido me ajudar com os custos do curso, estudei de forma dedicada e me tornei coach de saúde integrativa. Além do conhecimento teórico, comecei a me transformar como pessoa, a meditar, a fazer atividade física, a me alimentar melhor... Minhas clientes começaram a ter lindos resultados e atingi a liberdade com que sempre sonhara: a de trabalhar de casa. Sempre tive esse sonho porque era algo que me permitia ficar no silêncio (som favorito de qualquer introspectivo), trabalhar descalça, cuidar do meu espaço... Enfim, eu finalmente tive a sensação de "É isso o que eu vim fazer aqui, é essa a minha missão! Agora me encontrei e estou preenchida!".

As coisas finalmente estavam "funcionando". Eu me sentia realizada no meu relacionamento, a mudança para os Estados Unidos estava dando certo, era bem remunerada por um trabalho em que eu acreditava... Até o dia em que chegou uma carta do governo americano que mudaria a minha história para sempre.

Eu e meu marido estávamos esperando o Green Card na época, mas a carta que chegou cancelava o nosso processo por um erro na solicitação. Na época o Déniél (o nome dele é Daniel, mas os íntimos pronunciam seu nome assim) era atleta profissional e passava mais tempo viajando do que em casa, e naquele dia ele estava jogando em um torneio.

Meu mundo desabou. Eu tinha apenas uma semana para empacotar o que tinha construído durante anos em outro país para ir embora sem nenhum direcionamento. Lembro nitidamente de arrumar as coisas segurando o choro e decidindo ser forte. Mal tive tempo de pensar nas consequências da mudança ou de sentir a frustração, pois tinha que empacotar tudo o mais rápido possível e partir. No voo de volta a São Paulo, lembro que, apesar da dor no peito, a minha intuição me dizia que eu voltaria, mas que antes seria testada.

Após somatizar a minha frustração pessoal no meu espírito, na minha mente e no meu corpo, tive a primeira crise de pânico e o meu primeiro grande encontro com a morte, o que foi um portal para questionamentos ainda mais profundos, para não dizer perturbadores. Lembro como se fosse hoje: estava sentada em um restaurante japonês com meu marido e um mal-estar começou a tomar conta de mim. A boca secando, o corpo suando frio, a garganta fechando e o coração disparando "do nada". Naquele momento, fui ao banheiro e lavei o rosto, mas a sensação de estar passando mal só aumentava. Como eu estava em um restaurante, logo deduzi que era alergia alimentar. Lembro de olhar nos olhos do meu marido e dizer: "Me leva o mais rápido possível para o hospital. Estou morrendo". Nem pedimos a conta; deixamos o dinheiro em cima da mesa e saímos em uma noite chuvosa por Curitiba ultrapassando todos os faróis vermelhos.

No caminho eu não sabia se ligava para os meus pais para me despedir ou se apenas avisava ao Dani para lembrá-los de quanto eu os amava. Chegando à emergência, os sinais vitais estáveis e a falta de empatia tremenda de quem me atendeu me fizeram ir para outro hospital. Fomos para lá, e adivinha? O mesmo diagnóstico: "Você não tem nada", me disseram.

Inconformada, pedi para um médico me avaliar mais profundamente, porque eu tinha certeza de que estava morrendo. Ao entrar na sala, a primeira pergunta que ouvi foi: "Você está passando por algum momento desafiador ou estressante?". Olhei para o meu marido, olhei para a médica novamente e disse: "Não, eu estava jantando e feliz com meu marido, não estava em uma situação de estresse". Ela me encarou como se eu estivesse sendo ingênua e disse: "Os seus sintomas são de uma crise de pânico. Isso é ansiedade".

Num segundo de silêncio, uma imensidão se abriu aos meus pés. Mais uma vez me senti sem chão. Pois é, logo eu – que ajudava tantas pessoas a fazerem escolhas conscientes e a terem hábitos mais saudáveis – estava lidando com energias não trabalhadas, acumuladas e abandonadas.

As crises continuaram, e o medo de viver o dia a dia só aumentava. Eu não queria sair de casa nem ficar sozinha pois nunca sabia quando outra crise viria. Até que, em um telefonema com uma amiga, tive um insight: "Esse é o teste. Estou sendo convidada a praticar tudo o que eu aprendi na teoria para depois ajudar outras pessoas". Minha amiga suspirou e retrucou: "Gabi, você só pensa nos outros. Agora quem precisa de ajuda é você, não tem nada a ver com outras pessoas". Agradeci, desliguei, mas a ignorei quando senti o meu coração expandir e confirmar a intuição (a mesma que tive no avião). Na mesma hora, tomei uma decisão: "Se eu adoeci por somatizar minhas emoções, eu também posso me curar".

Buscando a minha cura de corpo, mente e alma após passar a vida toda me anestesiando e guardando os meus questionamentos, descobri que não tinha controle sobre tudo o que me acontecia, mas que tinha, sim, controle sobre como reagiria a isso. Nesse momento, mergulhei em um mundo que sempre amei mesmo sem saber da sua existência: o autoconhecimento. Devido ao julgamento que sempre me acompanhou, eu via os livros de "autoajuda" com preconceito e ignorância, pois mal sabia o que eles ainda me revelariam. Quando encontrei leituras que ressoavam com o meu momento, me apaixonei pelos livros. Isso mesmo. A menina que odiava ler se apaixonou por esse universo.

Em um mundo digital, onde todos estão anestesiados, distraídos e inconscientes, poder ler algo que ilumine a nossa consciência, que nos faça pensar por nós mesmos e nos lembrar de quem somos, é um privilégio. Através de centenas de páginas, acessei mentes brilhantes, aprendi com a história e a experiência de pessoas que nunca conheceria na vida real e me tornei aprendiz dos maiores mestres que já passaram pela Terra.

Depois de meses acessando diversas sabedorias, fazendo os tratamentos mais diferentes (de cirurgia espiritual a terapia tradicional) e praticando o que aprendi, eu me curei. E muito mais do que isso: eu despertei! Eu me reconectei com o meu espírito, acessei o meu poder pessoal e manifestei tudo o que sempre havia questionado. Com o passar dos anos, outros grandes desafios bateram à porta, mas, em vez de me entregar, eu já sabia: "Estou sendo testada, e, se isso está acontecendo mais uma vez, é porque sou capaz de lidar com os problemas e evoluir".

Por isso, quando a oportunidade de escrever este livro foi manifestada na minha vida, eu sabia exatamente a mensagem que gostaria de passar: desconstruir quem você "está" para despertar quem você é. Desconstruir o medo para despertar o amor, desconstruir a ansiedade para despertar a presença, desconstruir a separação para construir a união, desconstruir a ilusão de quem estamos para despertar a luz de quem realmente somos. E não, eu não sou nenhuma guru iluminada lhe trazendo a verdade absoluta ou uma fórmula mágica.

Eu estou a Gabi, mãe, esposa, filha, professora, aprendiz, amiga, humana... Entre diversos estados, a minha essência está aqui para falar com a sua. Através das experiências que vivi e das sabedorias que acessei, estou a serviço do seu processo também, porque a evolução de um é também a de todos. Por isso não importa se você *está* perdido, desempregado, sozinho, doente, infeliz... Você não é nada disso. E da mesma forma que você acessou a sua realidade atual, também pode sair dela e manifestar tantas outras.

A minha missão aqui não é te salvar (neste livro, você vai entender que só você mesmo é capaz disso), mas sim iluminar pontos abandonados do seu ser e te fazer enxergar, reconhecer e honrar o poder de ser quem é. Se o que você leu até aqui ressoou no seu coração, peço que faça um acordo consigo mesmo: comprometa-se a ter uma leitura consciente. Esteja de mente e coração abertos para questionar as suas maiores convicções e acessar universos que talvez você ainda não conheça. Daqui, eu vou entregar o melhor que posso, e, em troca, você faz o mesmo daí. Combinado?

Os 4 Ps da leitura consciente

PRESENÇA

Vivemos na era da falta de foco, quando cada minuto presente importa. Quanto mais inteiro você estiver toda vez que pegar este livro, mais conhecimento acessará e mais facilidade terá de colocar os ensinamentos em prática.

DICA: crie uma rotina de leitura. Reduza o maior número de distrações possíveis (como o celular) e determine o período em que vai ler e quanto por dia. Dessa forma, o seu comprometimento aumenta e os seus resultados também.

PAUSA

Sempre que vir um 🪷 no texto, faça uma pausa. O silêncio e a meditação sobre o que foi lido são importantíssimos para que você possa absorver e digerir a informação e refletir a respeito dela. Dessa forma, você terá um pensamento capaz de discernir o que praticar e o que descartar.

DICA: respire profundamente em cada pausa e visualize situações em que aplicaria tal conhecimento.

PRÁTICA

Rabisque este livro! Grife, escreva, faça resumos, cole post-its com as frases de que mais gostar e escreva na sua agenda como vai aplicar as sugestões na sua realidade.

DICA: sempre que algo chamar a sua atenção, faça uma marcação e releia no dia seguinte. Isso te fará integrar e assimilar as informações.

PROPÓSITO

Tenha um porquê para fazer esta leitura. Não deixe que este livro seja mais um dos que você gostaria de ter lido. Determine agora por que você quer se conhecer, despertar a sua consciência e acessar a sua verdade. Além disso, tenha um propósito para transbordar a sua transformação no mundo. Compartilhe com outras pessoas o que está aprendendo. Dessa forma, a sua cura vai inspirar a de outros também.

DICA: após fazer a leitura do dia, explique com suas próprias palavras algo que aprendeu com ela.

· 1 ·
Estar perdido é um chamado

POR QUE VOCÊ SE SENTE PERDIDO

Eu me senti perdida em diversas ocasiões. Na escola, nos grupos de amigos, nos bares, na cidade onde morava, nos cargos que ocupei... com frequência sentia um vazio, uma inquietação, e me via perdida. Conforme me questionava sobre a vida, essa sensação só crescia dentro de mim. E, toda vez que eu achava que estava me encontrando, algo externo acontecia e mudava completamente o que eu acreditava ser "o lugar".

Quando me senti confiante como coach integrativa, pá! A síndrome do pânico chegou abalando tudo que parecia estável. Quando me senti confiante morando em outro país, pá! Green Card negado. Quando me senti confiante fazendo intercâmbio, pá! Tomei um pé na bunda. Quando tudo finalmente parecia estar no lugar e todas as áreas da minha vida se mostravam estáveis, pá! Um aborto espontâneo. Até que eu entendi que toda vez que um acontecimento externo me tirava do eixo e eu me sentia perdida, na verdade era um chamado. Um chamado para dentro, para me desenvolver em algo que eu ainda não domino e principalmente para me lembrar de que não existe "o lugar", mas sim "o caminho".

Entenda que se sentir assim é uma experiência que todos vivenciamos, mas apenas os atentos percebem e se importam. Enquanto continuarmos anestesiando esse chamado com excesso de bebida, drogas, remédios sem prescrição, comida em excesso, pornografia, redes sociais 24 horas por dia e séries infinitas, vamos sofrer. Não me entenda mal: não sou contra o uso de medicamentos ou a comida afetiva, mas sou contra o uso *exagerado* de substâncias como fuga da realidade.

Nós nos sentimos assim por conta da maneira como somos criados: nos desconectamos todos os dias da fonte que nos deu a vida e da nossa verdade. Deixamos de experienciar a realidade com um olhar de curiosidade, contemplação e entusiasmo pois somos ensinados que temos boletos para pagar e o resto é utopia. Abandonamos a conexão com o mundo real e nos anestesiamos por meio do digital. Passamos horas deslizando o dedo no piloto automático e nos esquecemos do que realmente importa. Enterramos sonhos, abandonamos planos, deixamos pessoas... E pouco a pouco vamos sobrevivendo em vez de viver.

É o que o chamado quer sinalizar para você! É um alerta que revela que você está fora da sua rota, isso mesmo, da *sua* rota. Não existe um único caminho. Por isso, toda vez que você abandona o chamado do seu coração para investir tempo, energia e dinheiro na vida que falaram que você deveria viver, surge uma crise existencial.

Talvez você esteja apenas repetindo um padrão familiar, ou vivendo a vida que seus pais lhe disseram ser digna, ou simplesmente fazendo o que considera necessário para ser aprovado por todos. O principal motivo de se sentir perdido é o fato de estar longe de si mesmo, da sua verdade. E agora chegou o momento de parar de fugir desse chamado e começar uma nova jornada.

ESTAR PERDIDO É UM SINTOMA

É importantíssimo que você entenda que estar perdido é um sintoma, e não uma causa. Ou seja, você está sendo convidado para olhar, encontrar e curar algo mais profundo. O sintoma de se sentir sem direcionamento também é muito comum diante de recomeços e novos ciclos de vida (ter um filho, mudar de cidade, começar o próprio negócio, terminar um relacionamento etc.). A versão antiga com a qual você se identificava e se sentia confortável deixa de existir para que uma nova emerja.

Se temos como objetivo a estabilidade, o controle e o conforto, certamente vamos fugir, temer ou ignorar a sensação de "estar perdido". Mas na verdade essa é uma direção que recebemos da mais precisa bússola que existe: o nosso coração.

Toda vez que deixamos de fluir com o Todo, de nos desenvolver, de servir e de viver com presença, somos convidados por essa sensação a recalcular a rota e recomeçar em alguma (ou todas) as áreas da vida. Enquanto ouvirmos apenas a voz da nossa mente, sentiremos medo de sonhar, de dar um passo em direção ao desconhecido e de ouvir a nossa intuição (voz interior), e nos manteremos acorrentados a um emaranhado de ilusão e distorção. É por isso que precisamos reativar o nosso poder adormecido se quisermos a verdadeira liberdade: a da nossa própria mente.

Antigamente, sem a internet na palma das mãos, simplesmente nos ocupávamos com o que nos cabia. Cuidávamos da casa, plantávamos a nossa comida e passávamos a vida toda na mesma região. Com o avanço tecnológico, ao mesmo tempo que temos acesso a novas possibilidades, também sofremos mais pelo excesso de opções. Os níveis de ansiedade e depressão só aumentam, afinal, nos comparamos com pessoas do mundo inteiro e em tempo real. Somos bombardeados com taaantas opções e informações que ficamos confusos na hora de escolher qual caminho seguir.

Nós nos acostumamos com a praticidade destrutiva, que nutre cada vez mais a nossa preguiça, dando mais atenção para a vida mental e digital do que para a real. A resiliência e a força de vontade vão para o ralo enquanto buscamos sentir o máximo de prazer e conforto. A distração excessiva nos impede de utilizar o intelecto para pensar e imaginar, bombardeando o nosso corpo com dopamina... Ao mesmo tempo, enquanto consumimos tantas tragédias pela mídia tradicional, perdemos as esperanças em nós e na humanidade, criando um imenso vazio e uma falta de sentido para estarmos aqui. Tudo diante dos nossos olhos...

A intolerância e o ódio sempre existiram, mas, na internet, transbordam pelos dedos daqueles que não têm compaixão. São diversos os motivos que nos fazem desconectar do caminho do coração. Por isso não se culpe achando que só você se sente desconectado, perdido e com medo de olhar para a escuridão. Use a consciência que está emergindo agora para iluminar esse chamado interior e se transformar. Ao curar a causa, você também liberta o sintoma.

Estar perdido é um *sintoma*, não uma causa.

RESSIGNIFICANDO A ENERGIA DE ESTAR PERDIDO

A necessidade de controle e estabilidade nos faz negar o que sentimos, pois esse campo não pode ser controlado uma vez que é sentido. O nosso controle está na maneira como reagimos e nomeamos os sentimentos, por isso precisamos focar a energia em trazer um novo significado para uma situação em vez de desejar que ela simplesmente desapareça. Passo a passo prático:

Primeiro passo: *validar e aceitar a sensação ao invés de negá-la.* Temos que fazer isso sem rotular a experiência e a sensação como boa ou ruim, certa ou errada. Contemplar o que vivemos no agora, mesmo nos momentos de dor, é certamente o maior portal para a nossa evolução nessa existência. Lembre-se de que aceitar e validar é diferente de concordar. Não importa quão incômoda seja a sua realidade: se você a negar, vai sofrer, pois estará nutrindo um campo de ilusão em vez da verdade.

Segundo passo: *investigar a raiz.* A sensação de tristeza, medo, angústia ou de estar perdido apenas revela algo oculto para o despertar do seu verdadeiro eu. Identifique os padrões que se repetem e os gatilhos de tais sensações. O que você sente no seu corpo e em que parte? A garganta fecha, um nó aparece na sua barriga ou há um peso nos ombros? Observe onde essas sensações reverberam para que cada vez mais você possa se aproximar da verdadeira raiz do desconforto.

Terceiro passo: *ressignificar a dor e as narrativas densas.* Dessa forma, o que vivemos de desafios ganha sentido e propósito, nos removendo do lugar de vítimas e "injustiçados do mundo". O peso das experiências surge do significado que damos a elas. O modo como contamos a nossa história, os acontecimentos que chegam até nós e o que sentimos transforma toda a nossa realidade.

Vamos então, juntos, dar novos significados a algumas energias e sensações?

"Sentir-se perdido"
Essa sensação não está contra você, e sim ao seu favor. Guiando e direcionando para onde você precisa estar e ser no agora. Seja grato e honre essa inteligência que te direciona para a verdade.

"Recomeçar"
Esqueça o começar do zero e se concentre em começar de novo – com mais conhecimento, sabedoria e maturidade do que antes. Você está evoluindo ao recomeçar, não regredindo. O que você viveu até aqui não será em vão caso você mude a rota, pois foi justamente tudo o que experienciou que te trouxe até este exato momento.

"Ter medo do novo"
Pare de fugir dessa emoção. Sentir medo é natural e necessário em tudo o que fazemos sem experiência. Em vez de querer se livrar do medo para começar, compreenda-o para enfrentá-lo e para desenvolver a sua coragem.

"Não se sentir capaz"
Talvez você não seja capaz, hoje, de viver a vida que deseja ter no futuro, mas certamente é capaz de dar o primeiro passo que te levará para tal realidade. Não subestime os "pequenos" atos do curto prazo, pois eles são os tijolos do seu império no longo. Faça o que pode com o que você tem *hoje*.

É necessário ter muita coragem e humildade para lidar de frente com as nossas sombras. Não queira mudar o peso dessa sensação da noite para o dia, apenas se permita lidar com tais desafios sob uma nova perspectiva. A sensação de vazio e de estarmos perdidos tem muito mais a ver com direcionamento do que com desafio.

Quem rotula essa sensação como ruim é apenas a sua mente, pois ela gosta do conhecido e da falsa sensação de controle. Ou seja, enquanto você não compreender o seu verdadeiro significado e continuar a ouvir somente a voz de dentro da sua cabeça dizendo que "precisa se livrar desse sentimento ruim", vai se sentir desconectado.

Já parou para pensar que a maioria de nós, quando está na zona conhecida (a famosa zona de conforto, sobre a qual vamos falar mais à frente), se sentindo seguro, com "controle" de tudo e com a sensação de ter se "encontrado", raramente inova, expande e evolui? Pois é, se sentir perdido nada mais é que um redirecionamento para o que você precisa no seu processo. Um impulso para que você vá além do raso e se aproxime ainda mais da sua verdade.

O problema é que, quando somos visitados por essa energia e desejamos que ela acabe o mais rápido possível, vamos nos anestesiando com falsos "encontros". Achamos que precisamos de outra profissão, outro relacionamento, outra cidade, outra religião... Enquanto, na verdade, precisamos mais de nós mesmos.

Lembre-se de que se sentir preenchido não é algo que você vai colher no curto prazo, depois de uma meditação, de uma sessão de terapia ou de uma diquinha da internet... Encontrar-se é uma jornada e umas das nossas principais missões de vida.

A sensação de "estar perdido" te direciona para novas experiências, sim, mas não são elas que vão dar o verdadeiro sentido para a sua realidade. O que vai dar sentido é estar alinhado e próximo da sua verdade.

Foi nos momentos em que estive mais perdida que mais me transformei, me reinventei e me conectei comigo mesma. Por isso afirmo com convicção: essa sensação é um presente! Use-a com sabedoria e como uma bússola. Afinal, o que é estar perdido senão uma oportunidade para se encontrar ainda mais?

> "O que é estar perdido senão uma *oportunidade* para se encontrar ainda mais?"

OUVINDO O CHAMADO

Algumas pessoas acham que ser intuitivo e conectado é coisa para poucos (ou para os místicos), quando é uma capacidade humana comum a todos. Assim como os músculos enfraquecem se não exercitados, a voz interior perde força se não ouvida. Ela sempre esteve aí, mas, ao ser ignorada, ficou fraca e distante, parecendo inexistente.

Sempre notei que algo me guiava, uma força, uma energia... A tal da intuição que mencionei quando estava no avião e conversando com a minha amiga. Ela era diferente da voz da minha mente, pois não vinha como pensamento, e sim como uma certeza, sem explicação racional. Se negada, essa força se torna uma desconhecida. E a cada dia que passa a capacidade de discernir o que é seu do que é do outro enfraquece, o poder de distinguir o que é real do que é ilusório reduz, e a sensibilidade de saber o que é um chamado ou uma paranoia desaparece.

Por experiência própria, todas as vezes que ignorei essa certeza sutil do meu coração, recebi sinais cada vez mais fortes para mudar, até que não tivesse mais como ignorá-la.

A somatização no corpo físico é consequência disso. Não ouvimos a nossa intuição, ignoramos o coração, vivemos de forma cada vez mais alienada e desconectada da realidade, até que o corpo para e não temos outra escolha senão buscar uma cura. Mesmo adoecendo, muitos de nós continuamos ignorando tais sinais, nos iludindo ao imaginar que coisas externas vão resolver a nossa vida em um piscar de olhos. Na verdade, a vida só está chamando a nossa atenção de maneira mais brusca, já que ignoramos por tanto tempo o campo sutil.

A vida toda somos ensinados a ouvir parentes, professores, médicos, pastores, opiniões de terceiros, menos a nós mesmos. Quanto mais você delega o seu poder de decisão e confiança para outros, negando as escolhas da vida e postergando ações que te transformarão, mais fraco de espírito se sente.

Eu ganhei uma úlcera ao negar a voz interior que me implorava para mudar de emprego. Tive crises intensas de ansiedade para ouvir o chamado de largar a estabilidade e me reconectar com a espiritualidade. Passei por um aborto espontâneo e percebi que não podia controlar tudo... E imagino que você também tenha enfrentado situações difíceis em sua vida.

Pense nas vezes em que você não ouviu o chamado interior e a vida te obrigou a lidar com a verdade de outra forma. Entenda que isso não é um castigo, mas novas oportunidades para que você fortaleça o seu vínculo consigo mesmo, cure as suas feridas emocionais e se sinta novamente preenchido.

Por isso, declare para si mesmo que, a partir de agora, você não vai mais calar o seu chamado interior. Você vai buscar ferramentas e meios para se desenvolver e ouvi-lo com cada vez mais exatidão. Você pode ter desistido muitas vezes do chamado, mas ele nunca desistiu de você. Assim que decidir se ouvir e honrar o seu poder, nada mais será igual.

O DESCONFORTO É CAUSA OU EFEITO

Como seres humanos, estamos sempre em busca de segurança e conforto. Fizemos isso por milhares de anos, para sobreviver a perigos e nos propagarmos como espécie. O problema é que mantemos essa programação biológica até hoje, mesmo vivendo em uma realidade completamente distinta.

Não sei você, mas toda vez que faço algo pela primeira vez, falo em público ou tenho que agir sem nenhuma garantia de retorno, sinto como se estivesse fugindo de um predador. As mãos suam, a boca seca, a garganta fecha e o único sinal que a minha mente me dá é o de fuga. O corpo físico e emocional respondem aos estímulos da vida moderna da mesma forma que faziam quando estávamos na pré-história. Por isso, entenda: a mente não é nossa inimiga – a não ser quando ela toma o controle no lugar da consciência.

> O desconforto é *causa* ou
> *efeito* da nossa realidade.

    É por isso que, quando chega o momento de abrir um novo negócio, terminar um longo relacionamento, iniciar uma rotina saudável ou morar em uma nova cidade... Você geralmente procrastina, desiste ou tenta se informar ao máximo sobre os riscos e consequências para estar totalmente pronto. Só que essa não é a maneira mais saudável de lidar com o desconhecido, pois a vida em si é um eterno mistério.

    Já parou para pensar que chegamos a este mundo de forma misteriosa e saímos dele da mesma forma? Lidar com o mistério e a incerteza faz parte de uma realidade que muitas vezes nos negamos a aceitar.

    A busca constante pela zona conhecida não passa de uma grande distorção de percepção. No fim, essa busca é tudo menos confortável. Quando não estamos evoluindo e nos superando, nos sentimos desconectados da vida, frustrados e mais perdidos ainda. Por isso eu gosto de chamar esse local que a mente preserva como "seguro e confortável" de *zona conhecida*. Tudo que você já viveu e repetiu se torna conhecido para o seu campo. Independentemente de serem situações agradáveis ou desagradáveis, elas sempre te darão uma sensação de segurança maior do que a de se arriscar e tentar algo novo.

    Poucos percebem que só conhecemos algo através da experiência em si, e não pelo acúmulo de informações que temos sobre tal assunto. Ou seja, você vai lidar com o desconforto sempre! A questão é se ele é causa ou efeito, escolha ou consequência. Por exemplo, você cuida da saúde porque ama e honra o seu corpo como um templo (viver o desafio de ter uma rotina com hábitos saudáveis) ou porque está doente (viver o desafio de lidar com a falta de bons hábitos)?

Todas as vezes que eu escolhi, de maneira consciente, sair da minha zona conhecida, ouvir o meu chamado interno e agir com fé, colhi resultados inimagináveis para a minha mente racional. Nas vezes em que neguei essa voz e escolhi o "conforto imediato", o prazer, a inércia ou a procrastinação, colhi sensações e resultados desagradáveis.

Desafiar-se não significa sofrer, e sim agir movido por valores, vontade e verdade em busca da contínua melhor versão de si mesmo. Com o progresso constante combatemos diretamente a sensação assustadora de estarmos perdidos.

> Escolha os seus desafios para que
> a vida não os escolha por você.

A ILUSÃO DE ESTAR PRONTO

Quantas vezes deixamos de ouvir o nosso coração por não nos sentirmos prontos? Inúmeras, né? Eu já me sabotei em pelo menos uma centena de ocasiões e deixei de agir com a desculpa de que ainda não era o momento para um novo desafio. Que precisava primeiro "estar pronta" para dar um passo em direção àquilo em que acreditava.

Podemos, sim, fazer uso do conhecimento para estarmos mais preparados perante o desconhecido, porém ninguém se torna 100% pronto antes da experiência em si. São o movimento, o caminhar, o agir e o viver que nos constroem. Antes disso você pode imaginar, refletir, estudar e planejar, mas só a coragem de viver é que te deixará realmente pronto.

Nunca vou esquecer do dia em que dei à luz o meu filho. Foram meses e meses de preparo físico, emocional e espiritual. Estudei diversos livros, fiz cursos, acompanhamentos com todo tipo de especialista, acessei relatos e histórias de dezenas de outras mulheres para ter um parto o mais natural possível... Até que o grande dia chegou e tudo aconteceu completamente diferente do imaginado.

Para mim, essa foi a experiência que mais comprovou que podemos e devemos nos preparar para o desconhecido, mas nunca ter a expectativa de que estaremos prontos antes de viver tal experiência. Uma frase que marcou muito o meu coração foi "Trabalhe como se tudo dependesse de você e reze como se tudo dependesse de Deus".[1] Ela resume sabiamente até onde nos cabe agir e a partir de onde nos cabe esperar.

Sempre recebo dos meus alunos e seguidores perguntas relacionadas ao medo e à insegurança. De começar algo novo, de encerrar algo que perdeu o sentido, de ouvir o coração... Infelizmente é comum, pois fomos estimulados como humanidade a viver no "conforto" daquilo que já conhecemos, querendo ter "certeza absoluta" das recompensas futuras. É como se a gente só fosse inovar se tivesse algum tipo de garantia do Divino de que valerá a pena. Mas quer saber? Sempre vale! Tem coisas que só a coragem de viver vai te proporcionar. Só o caminhar pode revelar o caminho.

Quando viajamos de carro para um lugar novo, não conhecemos todo o percurso nem o que faz parte dele. Preparamos o carro, colocamos combustível, verificamos os pneus, carregamos com as nossas coisas, *confiamos* no GPS e nos movimentamos. Caso tenha trânsito ou qualquer outro imprevisto no meio do caminho, nós simplesmente

---

1. Frase atribuída a Santo Inácio de Loyola.

recalculamos a rota, não é? Não ficamos na garagem esperando ter a garantia de tudo o que acontecerá na jornada para sair do lugar. Vamos viajando e o caminho vai se apresentando. O mesmo deve acontecer com a sua vida.

Nesse caso, seu GPS é o coração, e você está aí, estacionado na garagem esperando a certeza de que não haverá chuva, pneu furado ou trânsito para andar os cem primeiros metros. Você sabe que só vai descobrir o que existe além dos primeiros metros depois que sair da inércia e estiver em movimento.

Para aplicar essa sabedoria na sua vida, é necessário autoconhecimento e fé. O autoconhecimento te permitirá acessar o seu potencial interior, e a fé te fará acreditar no que é desconhecido, invisível, naquilo que vai além da nossa compreensão mental.

> Ninguém se torna 100% pronto antes da experiência em si. São o movimento, o caminhar, o agir e o viver que nos preparam para o desconhecido.

HORA DE DESPERTAR

Estamos vivendo chamados não só individuais, mas também coletivos. O que alguns nomeiam como Nova Era nada mais é que um grande chamado para o despertar da humanidade. Eras atrás, o indivíduo se desenvolvia e evoluía sozinho ou em pequenos grupos. Hoje, a missão é humanitária.

Todas as crises que vivemos – ambientais, políticas, raciais, socioeconômicas – servem como um grande chamado para todos os que não estão ouvindo os chamados sutis. Em pequena ou grande escala, todos estamos sendo convidados para honrar o nosso papel dentro do Todo.

Assim como cada célula tem um papel único no seu corpo, você tem o seu na humanidade. Não dá mais para adiarmos o que estamos sentindo e vivermos anestesiados da realidade. Se você está aqui, lendo estas palavras, pode ter certeza de que parte da sua missão é ser um criador do Novo Mundo.

O que muitos aguardam como um mero evento astronômico eu acredito ser um evento interno. Para mim, uma mudança real de consciência planetária não envolve apenas o aumento de frequências externas, mas sim a reconexão com a nossa verdade interior e com o compromisso de nos desenvolvermos através do amor.

Não se apegue a datas ou a um cronograma cósmico, mas entenda que você já está começando a receber influência dessa transição. Nada acontece do dia para a noite, nem o nascer nem o pôr do sol – até mesmo entre esses dois momentos existe o crepúsculo, quando há uma transição sutil até que se chegue a outra fase por completo.

Não recebemos a noite ou o dia "do nada"; toda transição é gradual. A cor das nuvens começa a ficar pastel, os pássaros migram, a brisa de fim de tarde toca o nosso rosto e presenciamos pouco a pouco o sol se despedindo de mais um dia. A luz vai esvaecendo e começamos a notar as primeiras estrelas no céu, a temperatura cai, a pupila dilata e, quando olhamos para cima, somos tomados pela luz da lua.

Olhe para dentro de você, para as suas transições, e você vai acessar o centro do universo. Lembre-se de que o coração é o nosso sol central interno e, da mesma forma que, na natureza, tudo acontece em processos cíclicos, o mesmo acontece com seu processo de cura. Você não vai mudar de maneira abrupta. Não tem como ficar saudável, ter um relacionamento consciente ou ganhar muito dinheiro tomando um comprimido mágico...

Isso vai contra as leis naturais da ação e reação, da plantação e da colheita. Estamos expandindo na primavera da consciência, ou seja, estamos na transição do despertar da consciência, mas não da iluminação absoluta. Esta é a era em que despertamos para a autorresponsabilidade, quando honramos os ensinamentos dos grandes mestres por meio da prática.

Muitos só saem da zona conhecida quando têm medo de ser mandados embora do trabalho, de ir para o inferno, de morrer ou de ser abandonados. Mas e se escolhêssemos o combustível do amor em vez do medo? E se agíssemos por acreditarmos em algo maior? E se fizéssemos o que precisa ser feito pelo simples fato de ser o correto?

O convite para despertar a consciência é coletivo da mesma forma que as flores são convidadas para desabrochar na primavera. É um movimento natural, de dentro para fora. Quanto mais resistirmos a esse chamado, mais sofreremos e nos sentiremos perdidos.

Olhando para trás e vendo quem eu me tornei em alguns anos, me sinto a prova viva de que todos os que desejam genuinamente a cura de si e do planeta são capazes de tal transformação. Por isso, honre o presente e a oportunidade de estar aqui, lendo estas linhas, e de ser um construtor de uma nova humanidade.

> Ninguém está só.
> Somos todos *células*
> de um corpo maior
> chamado humanidade.

· 2 ·
Quem você não é

VOCÊ NÃO É O QUE PENSA E SENTE

Se eu te encontrasse pessoalmente, muito provavelmente você se apresentaria mais ou menos assim: "Olá. Prazer, eu sou a Marta. Sou advogada de uma multinacional, esposa, mãe, brasileira e católica". Pois é: a forma como eu, você e a maioria do planeta aprendeu a se identificar se baseia em estados, e não na essência.

A primeira identificação que fazemos quando pequenos é com o nosso corpo, quando entendemos que estamos separados das nossas mães. Em seguida começa a identificação com os objetos externos, quando você rotula as coisas como "meu" ou "minha", como se fossem uma extensão de quem você é, uma extensão do "eu".

Com o passar dos anos, essa identificação só aumenta: time de futebol, religião, profissão, nacionalidade... E o ego é definitivamente formado. Mas e se eu te disser que nada disso é você? E se eu te perguntar quem você realmente é além de todos esses estados? O que você responderia?

Muitos acreditam que são os seus pensamentos. Identificam-se com a voz dentro da sua cabeça. Mas eu te convido a parar por um instante e perceber que, se você é capaz de observar e testemunhar essa voz, você e ela não são a mesma coisa. Neste exato momento você pode estar pensando coisas do tipo: "Uauuu, nunca tinha parado para pensar nisso" ou "Nossa, o que essa menina tomou para escrever uma baboseira dessas?". Mas, se você é capaz de percebê-las, você é algo além.

A maioria da humanidade se identifica com a mente porque nunca teve momentos conscientes em que os pensamentos estavam silenciados. Hiperestimulamos tanto o nosso campo mental, permitindo que ele esteja o tempo todo rotulando, julgando, criticando, escolhendo e pensando, que ficamos confusos, exaustos e drenados com tanta movimentação energética.

Os seus pensamentos são uma ferramenta fundamental para enxergar e manifestar a realidade, porém não são quem você é. Depois que observamos e julgamos uma pessoa, coisa ou situação, adentramos o campo do sentir, onde emoções afloram. Ao lidar com uma traição, sentimos raiva; a uma promoção no trabalho, reagimos com empolgação; ao aprendizado, reagimos com insegurança, e por aí vai.

E aí, mais uma vez, podemos nos confundir e acreditar que somos esses emaranhados e ondas de sentimentos e emoções. Assim, a pessoa se torna vítima do meio externo, e sobrevive apenas reagindo a tais sensações e estímulos automáticos. Mas, adivinhe, você também não é as suas emoções.

A formação do ego e a identificação com os nossos estados fazem parte do desenvolvimento humano, mas, quando começamos a receber um chamado interno e nos sentimos perdidos constantemente, é chegado o momento de desconstruir tal ilusão e de despertar a nossa verdadeira consciência.

As pessoas que se identificam unicamente com a narrativa mental e com as suas emoções estão constantemente desconectadas da realidade. Estar conectado com a nossa verdade interior significa perceber nuances, oscilações e mudanças, porém sem ser controlado por elas.

Lembro de uma prima que sempre foi muito briguenta. Eu a admirava quando mais nova, pois era a adolescente mais próxima enquanto eu era apenas uma criança. A cada mês ela tinha um namorado novo, e eu, que nunca havia nem beijado ninguém, achava aquilo o máximo. Um dia ela levou um desses milhares de namorados para almoçar na casa da minha avó, e pela primeira vez eu pude observá-la perto dele.

Ela começou a gritar com ele, mesmo que ele estivesse quieto e que não houvesse motivo aparente para discussão. Virava-se para nós, gritando: "Tá vendo? Por isso que não dá para ficar com você. Eu quero brigar e você não!". Essa cena me marcou tanto que lembro dela como se fosse ontem. Afinal, não era a minha prima que estava ali, mas sim a emoção da raiva que agia através dela. O campo emocional dela era tão desgovernado que agia como se fosse uma entidade própria, e ela, como se fosse um mero hospedeiro.

Aqueles que agem de forma inconsciente, desconectados da sua inteligência emocional, vivem exatamente assim. Reagindo ao que sentem e pensam, sem o menor discernimento ou controle pessoal. São vítimas das próprias narrativas e prisioneiros de uma realidade que não existe em nenhum outro lugar, a não ser dentro de suas próprias mentes.

Você não é o seu emprego, a sua ansiedade, a sua doença, a voz na sua cabeça, o seu relacionamento, a sua tristeza, o seu papel familiar, a sua raiva, a sua religião, o seu medo... Você *está* assim. Tudo o que é transitório, que tem começo, meio e fim, não é quem você realmente é.

▼

> "Os seus estados não definem quem você é, mas sim quem você *está*."

VOCÊ NÃO É O SEU STATUS

A maioria de nós foi criado, ou, melhor dizendo, domesticado a partir de estímulos de punição (dor) ou recompensa (prazer). Toda vez que você correspondia a uma expectativa, recebia uma recompensa, como um doce, tempo no videogame ou a liberação para dormir na casa de um amigo. Da mesma forma, toda vez que ia contra as regras de quem te criou, era punido. Essa dor poderia vir na forma de castigo, agressão verbal e física ou como a perda de algum privilégio.

Quem teve esse tipo de criação reativa registrou uma mentalidade do tipo: "Se eu corresponder às expectativas do mundo (por mais distorcidas que sejam), serei recompensado; se eu for contra o que esperam de mim (por mais que seja o certo a fazer), serei punido".

O sistema escolar e trabalhista em grande parte é feito para hiperestimular ainda mais esse pensamento e colocar todas as pessoas em caixinhas iguais, onde esperamos que *todas* tenham os mesmos sonhos, capacidades e resultados.

A energia é basicamente a seguinte: estude, mesmo que seja algo que você deteste; trabalhe, mesmo que seja em algo em que você não acredite; case, mesmo que seja com alguém que você não ame; tenha filhos, mesmo que esse não seja o seu desejo; e se aposente, mesmo que ache cedo demais.

Essa pressão externa, passada de geração a geração, nos fez esquecer a nossa autenticidade e a nossa individualidade, nos fazendo buscar rótulos e status externos para preencher um vazio existencial.

Enquanto tentarmos ser aceitos, validados por todas as pessoas e aprovados pela sociedade, vamos valorizar mais o nosso status profissional e financeiro do que o caráter e a moral de cada ser, desencadeando milhares de pessoas infelizes com crises de burnout, ansiedade e depressão, mas que se identificam tanto com um cargo ou status que abrem mão do próprio bem-estar para ocupar determinado posto social.

Sinto dizer, mas você não é a sua profissão, o seu diploma ou a sua história de "sucesso". Se você acredita nisso, estará em estilhaços na primeira demissão. Caso fique desempregado, se sentirá um *nada*. Afinal, se eu sou um status, e se perco esse status, a conclusão a que chego é a de que não tenho valor.

Trabalhar, servir e ser um profissional alinhado com os seus valores é fundamental para uma vida equilibrada e sadia. O mesmo se aplica a termos regras básicas para viver em sociedade. Toda criança precisa receber instruções do que fazer e não fazer, mas a forma inconsciente e distorcida como isso acontece causa um efeito dominó de geração em geração até que alguém desperte (provavelmente esse alguém da sua família é você).

Mas nutrir a importância do status social e acreditar que somos a nossa carreira ou os prêmios que recebemos traz um peso de que crianças, pessoas em situação de rua, desempregados e aposentados não são ninguém, como se eles não tivessem propósito e serventia na Terra. Entende a distorção?

Já trabalhei em tudo que você possa imaginar: fui secretária, faxineira, garçonete, assessora de vestido de noiva, designer de convites, coach integrativa, assistente de marketing... Depois do início empolgante, sempre me sentia frustrada após um tempo, pois, além de não fazer o que o meu coração desejava, eu buscava me encontrar em um desses cargos.

Eu tinha o desejo de me identificar com uma profissão e dizer: "Ufa, agora achei! Me encontrei, esta sou eu". Mas isso não passa de uma ilusão. Se eu desempenhasse as mesmas funções com presença, excelência e focada na minha missão daquele momento, sem me identificar diretamente com cada profissão, certamente teria vivido de forma muito mais preenchida e íntegra comigo mesma. Em vez disso, eu só queria preencher o vazio que nunca havia conseguido desde a adolescência, quando tive que escolher "para sempre" o que fazer e ser.

Repare que desde pequenos ouvimos a pergunta "O que você quer ser quando crescer?", como se só fosse possível ser alguém quando tivéssemos uma profissão.

▼

A criança já é alguém. Então, se você tem filhos, reformule a pergunta para "O que você ama fazer? Qual profissão você gostaria de experienciar no futuro?". Dessa forma, vamos mudando, pouco a pouco, padrões enraizados do falso eu, e vivendo os nossos estados em vez de sermos usados por eles.

> Não precisamos de nenhum *status*
> que valide a nossa existência e o
> nosso valor como seres humanos.
> O ser sempre virá antes do ter ou do fazer.

VOCÊ NÃO É O QUE ESPERAM DE VOCÊ

Entenda, os seus pais não são culpados pela criação distorcida ou pelas projeções profissionais que colocaram em você. Eles são responsáveis, mas muitos deram o melhor que podiam com a única intenção de te ver melhor do que eles – mesmo que pelo erro. Talvez você comece a ficar indignado com algumas informações deste livro, o que não é ruim, pois a indignação é um excelente combustível para a transformação. Mas de forma alguma você deve culpar os seus pais ou quem quer que tenha criado você.

É preciso entender que o que o mundo e as pessoas que você ama esperam de você é problema deles, não seu. Enquanto você quiser ser um *agradador* e falar *sim* para tudo e todos, estará abrindo mão do seu poder pessoal, projetando a sua energia para fora, vivendo como um personagem – e se afastando cada vez mais da sua verdade.

Talvez esperem que você tenha um relacionamento tradicional, mas a forma como você ama é única. Talvez esperem que você se vista com discrição, mas a sua criatividade transborda nas roupas que usa. Talvez esperem que você tenha diversos diplomas de medicina na parede, mas a sua alma é artística. Ou seja, talvez esperem muito que você se encaixe em um determinado padrão e tenha uma vida "normal", sendo que a sua essência é única.

É importante compreender que a palavra *normal* vem de *norma*, "de acordo com as regras". Mas que regras são essas? Concorda comigo que, se as regras da humanidade fossem boas para todo mundo, estaríamos vivendo em um mundo de paz, harmonia, respeito, felicidade e conexão? Mas o que vemos é justamente o oposto. Estamos nos tornando pessoas responsáveis por um avanço tecnológico cada vez maior e um avanço moral cada vez menor. O ser humano está cada vez mais doente e alienado, mostrando claramente que não precisamos de nenhum estudo científico para comprovar que, quando colocamos indivíduos únicos dentro da mesma forma, estamos ativando a receita perfeita para a infelicidade.

Não estou aqui estimulando que você seja um rebelde sem causa e saia por aí burlando regras. Mas quero te fazer questionar e pensar que você não é a projeção do ser humano perfeito e sem falhas que fizeram de você. Além de único, você veio contribuir com essa individualidade na construção de uma nova, e mais consciente, humanidade.

Foi a minha indignação com o sistema de ensino tradicional que me fez ser hoje professora de autoconhecimento. Nunca desrespeitei um professor, pichei a parede da escola ou montei um movimento que não fizesse sentido para mim. Usei essa indignação para me transformar e inspirar (e nunca convencer) as pessoas ao meu redor a fazerem o mesmo.

Por isso, questione-se agora: "A vida que estou escolhendo diariamente faz sentido e me aproxima dos meus verdadeiros sonhos? Ou me afasta daquilo em que eu acredito e me deixa cada vez mais impotente para sonhar?". Enquanto nos identificarmos com o que esperam de nós, vamos ser pessoas destruidoras do mundo antigo, repletas de rancor e ódio, em vez de sermos criadores da verdadeira mudança que desejamos.

Agradar e corresponder às expectativas e projeções do outro não faz ninguém feliz. Afinal, quem projeta isso em você não é a alma e a consciência da pessoa, mas sim o ego dela. Ou seja, você está abrindo mão da sua autenticidade e da sua liberdade para ser prisioneiro da ilusão de outra pessoa. Pode parecer um pouco assustador se desidentificar com o que esperam de você, mas eu garanto que você vai acessar uma liberdade jamais imaginada.

Ao longo da minha jornada, conheci pais que nunca desejaram ter filhos, mas tiveram por pressão da sociedade; pessoas que trabalhavam com algo que não tinha *nada* a ver com suas inclinações naturais e valores, mas que mantinham a tradição profissional de toda a família. Cheguei a conhecer mulheres cujo sonho era ser donas de casa, cuidar da família e educar os filhos, e que, mesmo tendo condições para isso, não vivem essa realidade, pois suas amigas iriam julgá-las como submissas e dependentes do marido...

Quem vive para agradar viverá sofrendo, pois nunca será capaz de nutrir o ego de todas as pessoas e se manterá desconectado com os seus desejos de alma.

VOCÊ NÃO É O SEU PASSADO

Muitas pessoas não conseguem avançar na vida ou se sentir preenchidas pois estão constantemente revivendo e se identificando com o passado. Por terem tomado decisões ruins ou terem sofrido com algo externo, ficam remoendo a situação como se ela fosse o que as feriu.

Entenda que, por mais sofrido que tenha sido o seu passado, ele te construiu, fez de você um guerreiro único e te deu espaço para um crescimento que nenhuma situação agradável dará. Mas, para que a vida ande para a frente, é necessário que você pare de olhar para trás. Pare de reviver o que já acabou há tanto tempo. Honrar a sua história e o que o construiu é diferente de ficar revivendo cenários ilusórios diferentes na sua mente.

Já reparou que o ser humano é o único ser que revive muitas vezes a mesma dor? Observe o seu bichinho de estimação: você já o viu chateado ou irritado com alguma coisa, certo? Mas percebe que instantes depois ele já está bem? Isso acontece porque, da mesma forma que os animais não têm a capacidade cognitiva dos seres humanos para pensar, imaginar e refletir, eles não ficam pensando e remoendo os aborrecimentos.

Não estou aqui para diminuir a sua dor ou apagar o que você viveu, mas sim para te ajudar a enxergar que existe um propósito por trás dos seus desafios e, principalmente, que você não é o seu passado. As experiências que você viveu, sendo rotuladas como boas ou ruins, serviram unicamente para o seu aprendizado. A escola da vida é intensa, mas, quando compreendida, também é libertadora.

Por isso, honre, sim, a sua história, cure os seus traumas, faça as pazes com o passado e lembre que as narrativas ruins dentro da sua mente – como a que te classifica como um monstro por ter traído o seu parceiro, uma mulher péssima por ter feito um aborto, uma pessoa em pedaços por ter sofrido abuso de um familiar, um fracassado por não ter aceitado uma oportunidade profissional que não existe mais – não são o que define quem você é. Você é quem escolhe ser a partir de *agora*.

♥

Você não está quebrado nem é menos merecedor de ser perdoado do que outra pessoa. O seu passado é um conjunto de escolhas e consequências que podem ser ressignificadas. Você não pode mudar o que aconteceu, mas pode (e deve) mudar a forma como enxerga isso. Assumindo a visão humilde do eterno aprendiz, você vai ser capaz de aceitar (lembrando que é diferente de concordar), perdoar e aprender com base no que aconteceu.

Ninguém está imune a falhas, mas, com o uso desenfreado das redes sociais, acreditamos mais e mais que é pecado errar, que qualquer um que cometer qualquer deslize será cancelado e punido virtualmente, criando, às vezes, uma espécie de inquisição moderna. Temos cada vez mais medo de errar, tentar, fazer... o que nos deixa cada vez mais presos à identificação de que somos o que nos aconteceu.

Nunca é tarde para mudar. Independentemente dos erros que cometeu, você tem o direito de se perdoar e recomeçar. Basta decidir e trabalhar para que a sua história seja um poder de superação em vez de uma âncora da sua evolução.

> Você não é o seu passado. Use a sua história como um poder de superação em vez de uma âncora da sua *evolução*.

VOCÊ NÃO É O QUE POSSUI

Coisas, coisas e mais coisas. Quantos de nós nos identificamos com a matéria? Acreditamos que quanto mais tivermos, mais seremos, criando uma enorme emboscada que nos adoece no plano material e nos afasta do espiritual. Vivemos em uma sociedade que valoriza produtos de marca e ignora bons corações, nos fazendo acreditar que o nosso valor está no que possuímos e não em quem somos. As pessoas se identificam tanto com objetos que gastam o que não têm com coisas de que não precisam para agradar alguém de quem não gostam.

Vivemos em uma realidade de acumuladores que não percebem o quanto isso remove a nossa clareza mental e a leveza de estarmos aqui. Muitos escolhem as pessoas com quem vão se relacionar pelo carro, pelas roupas ou pelas joias que possuem... Mas todo excesso esconde uma falta. E, a partir dessa busca de ter para ser, criamos compulsões pelas coisas.

Gastamos o nosso tempo de vida (afinal, dinheiro se faz com tempo investido) com coisas que não nos representam nem têm verdadeira utilidade. A moda nutre um ritmo doentio de consumo fast fashion, assim como a indústria alimentícia nutre o consumo de alimentos ultraprocessados e fora de época, a sociedade estimula mudanças estéticas para atingirmos um padrão estético inalcançável... E aos poucos vamos tendo mais e sendo menos.

Movimentos como o essencialismo são fundamentais para a quebra dessa loucura, pois nos fazem questionar o que realmente importa e como redirecionar nossos recursos.

Uma das melhores formas de começar a se desidentificar com as coisas é doando objetos e fazendo aquela limpa no armário. E não estou falando de doar coisas rasgadas e velhas, mas de doar coisas que estejam em bom estado e só não tenham utilidade para você. Dessa forma você abre espaço, se libera da densidade da matéria e permite que a consciência emerja.

Observe os seus pensamentos quanto a posses – você julga e rotula as pessoas pelo que elas têm ou por quem são? Nunca vou me esquecer de uma viagem que fiz para Bali, Indonésia. Naquela ocasião, em nenhum momento perguntaram a minha profissão ou me mediram de cima a baixo... Foi uma das poucas vezes em que me senti livre da identificação distorcida com as coisas. Cheguei a sentir vergonha, pois pude reconhecer como questionava e rotulava as pessoas automaticamente pelo que elas faziam e tinham, sem me permitir de forma genuína perceber os seres diante de mim. Toda vez que fizer alguma atividade de reconhecimento das suas sombras, evite fingir ser nobre. É preciso haver muita sinceridade para iluminar as partes de nós que foram jogadas para debaixo do tapete. Sermos íntegros com o nosso processo é fundamental para que a verdadeira consciência se faça presente.

Enquanto você mascarar a inveja, a cobiça e o egoísmo com nomes romantizados e virtuosos, não será capaz de curar e evoluir dentro dessa energia. Pode ser que você sinta vergonha, culpa e até mesmo nojo de certos pensamentos e comportamentos, mas lembre-se de que esse é o primeiro passo para uma transmutação genuína.

Não estou aqui te incentivando a vender e largar tudo (a não ser que você queira), mas a viver com menos e melhor. Quando focamos na qualidade e na utilidade das coisas em vez de na quantidade, em ter por ter, em precisar ter o último modelo ou na recomendação da nossa influenciadora favorita etc., nos libertamos da distorção de ter para ser.

Já passei por todos os processos pelos quais você possa imaginar. Já fui compradora compulsiva (por sinal, comprava muito mais quando podia menos), já quis doar todas as minhas coisas e viver sem nada no meio das montanhas e hoje vivo questionando sinceramente o que compro. Às vezes compro algo pelo simples prazer de comprar, mas não minto mais para mim mesma. Não digo que aquilo vai ser útil algum dia... Sou sincera com os meus desejos, e dessa forma não me sinto dominada por eles.

Negar a matéria é muito mais fácil do que dominá-la. Por isso eu a vejo como mais uma ferramenta do nosso processo terreno para melhorarmos como pessoas. Você pode escolher usar o dinheiro de forma consciente ou distorcida.

Chegou a hora de saber que quem você realmente é vai além de qualquer coisa que o dinheiro possa comprar, que os seus olhos possam ver e que as suas mãos possam tocar. Use as coisas em vez de ser usado por elas. Ao dominar a matéria, você vai se elevar na sua escala evolutiva – e vai, cada vez mais, acessar quem você é.

> *Use as coisas em vez de ser usado por elas.*

VOCÊ NÃO É O QUE PRODUZ

Vivemos na era da produtividade tóxica, em que somos medidos unicamente pelos resultados do que fazemos, e não por quem somos. Buscamos sempre o jeito de trabalhar mais, ganhar mais, emagrecer mais, produzir mais... E poucas vezes nos questionamos como agir melhor, de forma mais coerente com o que acreditamos, mais alinhados com o mundo em que queremos viver e mais elevados em valores.

Vivemos em tempos tão loucos que pessoas nascidas em São Paulo, como eu, ou em outras grandes metrópoles, se orgulham de passar noites sem dormir, de dar a vida pelo trabalho e de ter uma realidade que aparenta ser "produtiva", ainda que seja medíocre.

Essa identificação vai te sufocar aos poucos, te fazer passar do seu limite espiritual, mental, emocional e físico por meras distorções. Nunca trabalhamos tanto como humanidade, e nunca nos sentimos tão insatisfeitos. A régua mudou. Não importa o quanto a gente se esforce, é como se nunca fosse o bastante – e, com as redes sociais, ainda nos prendemos a comparações sem sentido.

Às vezes acordo e não consigo trabalhar por ter um bebê em casa; começo a escrever este livro e preciso parar cinco minutos depois. Em vez de pensar "Uaaau, produzi o que pude com o que tinha!", eu me sinto a mosca do cocô do cavalo do bandido. Abro o Instagram e vejo uma mãe de três filhos, maquiada, que foi à ioga, fez comida, limpou a casa e agora está em uma reunião de negócios. Essa comparação é desumana. A corrida tendo os outros como régua é doentia. Afinal, mesmo quando produzimos muito e temos o dia lotado de tarefas, não conseguimos reconhecer o nosso esforço.

Sempre vamos poder fazer, ter e produzir mais, mas, enquanto nos esquecermos de *ser* antes de tudo, o vazio sempre estará presente. Por isso é importantíssimo criarmos o hábito de reconhecer o nosso esforço (quem de fato se esforça, é claro) e o tanto que nos cobramos. Trabalhar, servir e produzir é necessário, mas não é a única coisa que importa.

Como efeito colateral, vamos desaprendendo a descansar e a viver o ócio. Quando foi a última vez que você ficou entediado? Que você se permitiu sentir tédio de verdade? Difícil lembrar, pois, hoje em dia, se estamos na fila da padaria, esperando uma consulta médica ou o ônibus chegar, logo estamos com o celular na mão, nos atolando de informações e de esforços mentais.

Achamos que, pelo fato de o corpo ter parado, estamos descansando ao rolar a tela do celular ou ao assistir a diversos episódios de uma série sem parar. Mas o esforço mental continua ali; ainda estamos ativos mentalmente e acumulando um cansaço sem fim. Talvez você não saiba, mas o cérebro humano gasta cerca de 25% de toda a energia do nosso corpo. Ou seja, se a mente está trabalhando, mesmo que de forma passiva, você está perdendo energia.

Muitas pessoas não conseguem nem mais ler com calma (talvez seja o seu caso lendo este livro), pois o tempo todo são bombardeadas na mente pelas coisas que precisam fazer, entregar, produzir, notificações, lembretes... Como se mais uma xícara de café e uma dose a mais de cafeína fossem resolver o problema de falta de foco, mas na verdade estamos falando de um problema muito mais profundo.

Precisamos valorizar mais as pausas, os descansos, a respiração, a produtividade consciente e o trabalho oculto (aquele que só você vê e ninguém aplaude, que só você conhece e ninguém reconhece, que só você vive e ninguém imagina). Todos realizamos trabalhos ocultos. Atividades que os holofotes do palco podem não iluminar, mas que serão a base para que o resto se manifeste.

Criar um filho, cuidar de uma casa, organizar um estoque, cozinhar a própria comida, estruturar um novo projeto, estudar para um concurso – há muito mais esforço interior do que o que aparece na superfície. Porém, a maioria de nós, por se preocupar constantemente com a aprovação externa, não valoriza o próprio empenho, apenas os resultados que podem ser mostrados ao outro (e aprovados por ele).

Essa atitude nos coloca em um lugar de constante frustração, ansiedade e angústia. Contudo, não existe o desabrochar de uma flor em um dia ensolarado sem o germinar de sua semente na escuridão da terra. É na escuridão e nas profundezas que ela recebe nutrientes e cria uma estrutura sólida para brotar na superfície.

Honre o que você faz quando ninguém vê, sabe ou reconhece, mas sem se perder na armadilha que diz que você é o que produz. Quem você é deve transbordar nas suas ações e conquistas.

VOCÊ NÃO É O SEU CORPO

A identificação com o corpo é uma das mais desafiadoras de ressignificar – afinal, eu ando, como, respiro, durmo, produzo, penso, e inclusive leio com o meu corpo. Se eu não sou ele, quem sou eu? Essa pergunta é tão simples, mas ao mesmo tempo tão poderosa que pode mudar a sua vida para sempre.

A identificação distorcida com o corpo é o que nos faz ser uma sociedade doentia por aparências. E não estou aqui falando que você não deve cuidar dele, valorizar a sua beleza, se arrumar e buscar a sua melhor versão. Estou falando sobre objetivos inalcançáveis para nos sentirmos aceitos.

Se eu me identifico unicamente com algo que tenho *certeza* de que envelhece e morre, naturalmente vou negar a minha velhice, vou sentir medo da morte e ter pavor de qualquer ruga que apareça no meu corpo. Entenda que encontrar a sua identidade em algo transitório e passageiro fará você se tornar prisioneiro do corpo em vez de utilizá-lo como um veículo para a experiência humana.

Em vez de honrarmos a sabedoria que só o tempo traz, tememos os cabelos brancos. Em vez de agradecermos por tudo que o nosso corpo viveu, julgamos as estrias e cicatrizes. Em vez de sentirmos alegria ao nos olharmos no espelho e estarmos vivos, criticamos a nossa aparência. Em vez de respeitarmos a morte como um rito que traz sentido à vida, nos alienamos do fato de que estamos em uma realidade finita.

Essa hiperidentificação perturba muito mais as mulheres do que os homens. Já reparou que desde bebês as pessoas elogiam quando os meninos são fortes, ágeis e espertos, e as meninas são elogiadas quando estão bonitas? Desde o início da vida, as mulheres são notadas e julgadas pela aparência, criando distorções emocionais enormes que destroem vidas.

Durante o meu puerpério, momento pós-parto, eu não me reconhecia: os seios vazavam leite; a barriga estava vazia; as nádegas, murchas;

o cabelo, sujo. Eu mal conseguia me olhar no espelho. Até que ressignifiquei a maneira como via o meu corpo. Comecei a me olhar com amor, agradecendo à mudança que possibilitou a criação de uma *vida*. O meu corpo fez de tudo para conceber um milagre.

Depois de notar quão incrível o meu corpo tinha sido, voltei a cuidar dele por meio da alimentação, do exercício, de massagens... sem esperar que ele fosse uma capa de revista. Fiz tudo com a intenção de agradecer por tudo o que ele tinha feito por mim nos trinta e um anos anteriores. Todas as células do nosso corpo, sim, TODAS, se renovam a cada sete anos. Ou seja, o corpo que está segurando e lendo este livro é *outro* em relação ao de sete anos atrás. Mas como isso é possível se a pessoa que está aqui e agora é a mesma que viveu experiências anteriores? A resposta segue a mesma: você não é o seu corpo; é a consciência que o utiliza como veículo.

A superidentificação com o corpo é o que nos faz ter tantos distúrbios de imagem, medo do envelhecimento e pavor da morte. Se eu sou o meu corpo e ele está se desfazendo, eu também estou. Ame e honre o seu corpo, pois ele te acompanha desde o seu primeiro instante nessa experiência da vida e será o último a estar do seu lado também. Como um templo, precisa ser respeitado; como veículo, precisa ser cuidado. E quanto mais elevado e saudável for, melhor o seu espírito se manifestará no plano material. Honre, agradeça, cuide – mas sem se identificar, acreditar ou validar na sua mente que você é ele.

O corpo é a sua casa, onde a alma faz morada e o veículo pelo qual ela pode sentir, guardar e eliminar informações. Sem ele não haveria essa experiência, mas não se esqueça de que o corpo é passageiro enquanto a consciência que o percebe, é eterna.

A partir de agora, eu te convido a observar quantos rótulos e identificações você possui. Quantas vezes você afirma "eu sou isso ou eu sou aquilo"? Em vez de dizer "eu sou ansioso", diga que "está ansioso", por exemplo. Você não é a ansiedade, e falando dessa forma ela deixa de ter tanto controle sobre você. Um espaço se abre para que você se cure e acesse quem é.

· 3 ·

O que te trouxe até aqui

ESCOLHAS DISTORCIDAS

No fim, o que experienciamos nesta vida é um aglomerado de escolhas. Sejam elas conscientes ou não, estamos tomando decisões o tempo todo. Se você se sente perdido, em uma realidade que não te agrada, foram escolhas distorcidas que te trouxeram até aqui.

Muitas pessoas alegam não ter uma vida digna, e estão sempre na defensiva culpando as condições em que se encontram. A família em que nasceram, a cidade em que foram criadas, a idade, a falta de recursos, as oportunidades que não tiveram, a correria do dia a dia... Concordo que há oportunidades e privilégios diferentes para cada um, não nascemos todos com a mesma realidade material, e existe, sim, muita desigualdade no mundo. Mesmo assim, o verdadeiro sentimento de realização depende mais das nossas decisões do que das nossas condições.

Você escolhe se vai ouvir a voz do seu coração ou o que os outros esperam de você, se vai viver com presença e totalidade ou ansioso pelo amanhã, se vai nutrir o seu corpo ou se vai se anestesiar com industrializados, se vai reconhecer a sua intenção ou se ofender com a opinião de alguém... Você pode até não perceber, mas está o tempo todo escolhendo.

Se você só vive no piloto automático, sinto dizer, mas tem alguém escolhendo por você. Quando entra em uma rede social, por exemplo, você escolhe quem vai seguir, mas a informação que chega até você não é uma escolha. Ao ligar a TV, está escolhendo fazer isso, mas não pode escolher o tipo de notícia que será transmitida. Dessa forma, você está consumindo informações sem filtro, de maneira passiva, deixando os outros escolherem por você.

Ao permanecer no modo sobrevivência, sem se questionar por que faz o que faz, sem ter curiosidade para descobrir mais ou sede de aprender, você fará escolhas ruins. Isso porque o seu corpo foi biologicamente programado para sobreviver, o que exige que ele procure maneiras de poupar energia e tome decisões que te mantenham "seguro" na zona conhecida.

Enquanto o corpo quer descansar e ficar confortável, o espírito quer se movimentar, evoluir e crescer – o que exige, por sua vez, desconforto. Em razão disso, há sempre um duelo interno em cada um de nós. Se não estivermos presentes e atentos, seremos levados pela inércia e pela estagnação.

É importante entender que estudar dá trabalho, mas ser ignorante também. Ser corajoso dá trabalho, mas não agir por medo também. Viver consciente dá trabalho, mas sobreviver alienado também. Perdoar dá trabalho, mas ser rancoroso também. Curar-se dá trabalho, mas continuar doente também. Conhecer-se dá trabalho, mas viver perdido também. Ser alguém melhor dá trabalho, mas se manter o mesmo também. Ou seja, toda escolha tem um preço composto de benefícios e sacrifícios. E enquanto você não escolher as batalhas que quer vencer, são elas que estão escolhendo você.

Se a sua consciência não der o comando para a sua mente sobre as escolhas desafiadoras que precisam ser feitas no agora para que o fruto que será colhido seja doce, o corpo simplesmente vai escolher o que for mais fácil, "confortável" e prazeroso. Toda vez que escolhermos coisas fáceis, vamos ter consequências difíceis. E, toda vez que nos desafiarmos, vamos ter consequências fáceis.

Entender o que te trouxe até aqui fará com que a sua consciência se atente para o que te levará adiante. Você não pode mudar as escolhas passadas, mas pode usá-las como aprendizado para ser e fazer diferente.

Ao longo da minha vida, escolhi, na maioria das vezes, a preguiça, a procrastinação, a reclamação, o vitimismo, pessoas tóxicas, agradar os outros, calar a minha verdade, me anestesiar com bebida, dormir mais horas para não enfrentar meus desafios e por aí vai. Como você pode imaginar, os frutos dessas escolhas foram amargos. Se eu continuasse escolhendo sem consciência, a minha realidade não seria diferente.

O que fez a minha existência se transformar foram as novas decisões que tomei, como: ser uma pessoa melhor, me conectar com a minha espiritualidade, servir a humanidade, construir uma família, fazer o que era o correto mesmo sem estar motivada... com a minha transformação interna, as condições externas importavam cada vez menos, pois a maneira como eu enxergava a vida era a maneira como ela me enxergava de volta. E é isso que eu desejo para você.

> **A vida é feita muito mais de *decisões* do que de condições.**

FALTA DE CLAREZA E O HIPERESTÍMULO MENTAL

Acabamos de falar sobre o poder das nossas escolhas, e talvez esse seja o principal motivo que nos afasta da clareza mental: o excesso delas. Acessamos em uma semana uma quantidade de informações que uma pessoa do século passado acessava em toda a vida.[2] E, acredite, o nosso cérebro continua o mesmo de lá para cá.

Ainda que haja uma capacidade neural mais elevada do que antes, o que recebemos de informação é pesado demais para o nosso campo mental. Assim como o nosso sistema digestivo, a mente recebe, digere, absorve e elimina informações. O que aconteceria com o seu estômago se você nunca parasse de comer? Se da hora em que você acordasse até a hora em que fosse dormir ficasse se alimentando? Não só de alimentos "limpos", mas de qualquer porcaria que chegasse até você? Passaria

---

2. HEIM, Sabine; KEIL, Andreas. *Too much conformativo, too little time*: how the brain separates important from unimportant things in our fast-paced media world. Disponível em: <https://kids.frontiersin.org/articles/10.3389/frym.2017.00023>. Acesso em: 30 dez. 2022.

mal, certo? E se no dia seguinte você repetisse a mesma dose, e no outro dia de novo, de forma ininterrupta? Assustador só de imaginar né? Pois é, isso é o que fazemos com a nossa mente: nós a bombardeamos de informação (na sua maioria irrelevante), não nos damos tempo para digerir o que recebemos (refletindo, conversando, escrevendo, meditando ou vivendo o tédio) e depois reclamamos que temos insônia, nos sentimos ansiosos e que estamos sem clareza mental. É impossível ter informação limpa se a sua mente está infestada de ruído.

A sociedade ocidental não tem o hábito de apreciar o silêncio, de viver com presença no mundo real e de contemplar o lado simples da vida. Temos o hábito de acessar constantemente o celular e recebemos cargas enormes e artificiais de dopamina, neurotransmissor responsável pelo prazer.[3] Além de nos deixar viciados nos estímulos do celular (notificações de e-mail, mensagens no WhatsApp, likes no Instagram…), esse excesso nos desconecta da realidade. Afinal, nada do mundo real será capaz de produzir tanta dopamina e prazer assim, e isso nos faz perder, pouco a pouco, a graça pela vida e buscar mais estímulo artificial.

Com o aumento de pessoas viciadas em jogos, pornografia e redes sociais, notamos também o aumento de pessoas que não têm capacidade de pensar por si mesmas, que não conseguem construir um pensamento crítico, interpretar textos mais profundos e discernir o que querem para si.

---

3. SUZUKI, Shin. *Dopamina: por que busca desenfreada por estímulos pode tirar satisfação da vida.* Disponível em: <https://www.bbc.com/portuguese/internacional-61303597>. Acesso em: 30 dez. 2022.

Costumo chamar esse estado em que a maioria das pessoas vive hoje de *modo zumbi*. Saia na rua e observe a grande maioria das pessoas olhando para baixo, com os olhos vidrados no celular, sem fazer a menor ideia do que está acontecendo ao seu redor.

O excesso de conexão com o digital está criando um dos maiores paradoxos da vida humana. Nunca tivemos acesso a tanta informação, mas as novas gerações estão cada vez mais ignorantes[4] – no sentido da capacidade cognitiva, da interação social e de desenvolver soft skills – e desconectadas de si mesmas. A interação social, o tédio e a curiosidade pelo mundo real são quase inexistentes na vida das gerações mais jovens, prejudicando o seu desenvolvimento cognitivo, emocional e humano.

Estamos doentes mentalmente e, se não mudarmos esse comportamento, a nossa realidade também não vai mudar. O que transformou a minha vida drasticamente e auxiliou na minha cura do pânico certamente foi parar de assistir à TV aberta ou acessar noticiários de mídias tradicionais, fazer detox de redes sociais e reduzir o consumo passivo de informação. Infelizmente o que chega para as grandes massas e a grande maioria da população é o que nos desconecta do Alto. Os conteúdos abertos e "populares" carregam diversos vieses e notícias falsas, o que prejudica ainda mais as pessoas que não têm acesso a outro tipo de informação.

---

4. CANCELIER, Mariela. *Pela primeira vez na história, nova geração tem QI mais baixo que seus antecessores*. Disponível em: <https://mundoconectado.com.br/noticias/v/16093/pe-la-primeira-vez-na-historia-nova-geracao-tem-qi-mais-baixo-que-antecessores>. Acesso em: 15 maio 2022.

Eu uso a internet com consciência e como ferramenta. Se quero me divertir, por exemplo, abro um vídeo de um comediante com a consciência de que é isso que estou fazendo. Se quero me conectar com pessoas, abro os aplicativos de mensagens. Se quero compartilhar algo do meu trabalho, uso as minhas redes sociais. Consegue perceber a diferença entre um uso consciente e ativo do inconsciente e passivo?

Consciente e ativo: escolher qual ferramenta digital usar com um propósito definido (exemplo: abrir o YouTube para assistir a um vídeo de receita de bolo).

Inconsciente e passivo: usar as ferramentas digitais por hábito e consumir o conteúdo que é oferecido (exemplo: abrir o Instagram na fila do banco para passar o tempo).

"Ahhh, Gabi, mas aí eu vou ser um alienado da realidade." Eu garanto que não, e explico por quê. Querer ter opinião e ser informado sobre tudo o que acontece no mundo é o que te faz alienado da realidade.

Se você gasta o seu tempo e a sua energia com situações com as quais não pode se transformar, tenha certeza de que está desperdiçando seus recursos. Alienação é não cuidar da própria vida e deixar de investir a sua atenção em meios de melhorá-la cada vez mais. É deixar de fazer o que cabe a você para criar achismos sobre realidades que estão completamente fora do seu controle.

Pare por um instante e observe a vida de pessoas felizes e bem-sucedidas e a de pessoas frustradas e vazias. Provavelmente você verá um padrão no qual as satisfeitas usam os recursos que possuem para se desenvolver, servir o próximo e adicionar valor ao mundo, enquanto as infelizes gastam os seus recursos mais valiosos (tempo e energia) para palpitar sobre a vida alheia e criar opiniões rasas sobre o mundo.

Isso nada mais é que o nosso ego querendo se inflar de razão. Quantas amizades e famílias vêm se desfazendo por brigas entre pessoas que acham que sabem tudo? Que, ao lerem o título de uma matéria (que muitas vezes é falsa e enviesada), se consideram experts em tal assunto e decidem enfiar goela abaixo a sua visão de mundo? Isso é insano! Pouco a pouco, vamos perdendo a capacidade de interpretação, discernimento e diálogo construtivo. As trocas se tornam brigas entre egos reativos e alienados da realidade.

Enquanto a briga se nutre por questões políticas de um continente do outro lado do planeta, a saúde, o trabalho e a família de tal indivíduo são completamente negligenciados.

Lembrando que eu não sou contra a tecnologia nem o acesso à informação, pelo contrário. Ambos trouxeram diversas facilidades que abriram espaço para investirmos nas capacidades humanas. Contudo, somos a primeira geração que os utiliza de forma descontrolada e colhe os primeiros frutos amargos dos hábitos digitais.

Estamos começando a compreender os danos do uso excessivo de telas, redes sociais e realidades artificiais. Imagine as próximas gerações. A realidade de crianças que, desde a primeira infância, são hiperestimuladas mentalmente, que nunca brincaram com gravetos e uma caixa velha de papelão, sem terem a imaginação, a interação com pessoas e o pensamento crítico estimulados...

Se eu e você, que tivemos uma infância real, estamos sofrendo com o excesso do digital, imagina quem recebe esse estímulo no momento da formação do seu campo mental? Desde bebês, nossos filhos estão sendo anestesiados por telas, cores, sons, imagens... E, como qualquer outra droga, além de dependência, eles causam abstinência quando removidos.

Lembro que, ao voltar da escola, os meus desenhos favoritos tinham um horário específico para serem vistos, e, quando eu me atrasava e os perdia, tinha que lidar com a frustração. Esses acontecimentos abriram espaço para que eu desenvolvesse dentro de mim habilidades para lidar com situações adversas da vida, ser criativa em resolver problemas e amadurecer emocionalmente.

Hoje em dia, as crianças não têm nem mais paciência para assistir a um episódio inteiro de um desenho. Com o rolar dos dedos, já mudam para algo mais interessante e estimulante. Até que a vida real perca toda a graça, já que não pode ser acelerada ou trocada pelo simples apertar de um botão. Com o passar dos anos, essas crianças se tornarão adultos com uma hipersensibilidade perante a vida. Vão se sentir frustradas por coisas banais, descartarão relacionamentos de longo prazo que precisam de esforço para serem criados em troca de um aplicativo em que conseguem um novo e interessante com facilidade, e se sentirão desconectadas da verdade, já que se acostumaram com um mundo artificial. A nossa comida, a nossa vitamina D, os objetos de decoração... tudo é falso e artificial, construindo uma humanidade cada vez mais perdida de si.

Pare e reflita. Quando foi a última vez que você passou um dia inteiro sem celular? Em que dia, do momento em que acordou até quando foi dormir, se conectou apenas com o mundo real? Que passou o dia na natureza, olhando nos olhos das pessoas, respirando com presença, comendo alimentos naturais? A sua resposta já diz muito sobre como chegamos a esse estado de desconexão profunda com nós mesmos e como esse excesso de ruído mental tem nos desconectado da espiritualidade.

O quanto a sua vida mental (e digital) tem te tirado da sua vida real?

ESTADO DE INCONSCIÊNCIA E DE REATIVIDADE

Eu estive a maior parte da vida muito estressada, ansiosa, reativa e irritada. Sempre que algo saía diferente do esperado, eu era um vulcão inesperado de emoções. E, sem a mínima consciência de que poderia mudar, vivia repetindo a síndrome de Gabriela: "Eu nasci assim e vou morrer assim".[5]

No auge da minha ignorância, eu me orgulhava dos meus defeitos e fraquezas. Acreditava que ser grossa, workaholic e sincera o tempo todo era sinal de força, e mal sabia eu que isso só revelava a minha falta de autoconhecimento, humildade e autocontrole.

Foi só depois de anos que me libertei de mim mesma. Parei de querer controlar a ansiedade, o medo, a angústia, a raiva ou a tristeza, pois finalmente entendi que elas nunca foram minhas inimigas. A falta de autoconhecimento é que estava contra mim.

Hoje eu recomendo o mesmo a você – primeiro, entenda que controlar as emoções, além de impossível, é burrice. As emoções e os sentimentos nos revelam o que não podemos acessar diretamente no nosso inconsciente. Por isso, enquanto você quiser calar, negar, silenciar e anestesiar esse campo sutil, você não sairá do lugar.

---

5. SABÓIA, Flávia. *Síndrome de Gabriela*. Disponível em: <https://rsaude.com.br/apucarana/materia/sindrome-de-gabriela/13924>. Acesso em: 30 dez. 2022.

Pessoas inconscientes não vivem suas realidades; elas sobrevivem dia após dia, repetindo os mesmos padrões, em estado de invigilância e reagindo ao mundo externo. São como um barco a vela sem capitão, guiado pelas marés e ventos externos, sem nenhum domínio próprio.

Manter-se inconsciente é simplesmente fazer as coisas por fazer. Sem nunca questionar por que você trabalha com o que trabalha, come o que come, convive com as pessoas com quem convive ou mora onde mora. É ser só um fantoche dos estímulos e gatilhos do mundo em vez de agir a partir da própria consciência.

Então, se não devemos negar nem controlar as emoções, o que deve ser feito para agirmos de forma mais consciente?

1. Parar;
2. Silenciar;
3. Respirar;
4. Observar;
5. Refletir;
6. Questionar;
7. Escrever;

... e só depois partir para a ação.

É claro que nem sempre você terá esse tempo ou se lembrará de não reagir imediatamente aos acontecimentos da vida, mas uma pequena mudança por vez te transformará por completo.

Comece se tornando consciente do quanto você não controla o que faz. Por exemplo, no trânsito, observe como se comporta quando alguém te fecha. Você respira e pratica a compaixão ou xinga a pessoa sem pensar duas vezes? Quando algo acontece fora do seu planejamento, já começa a reclamar sem parar, se perguntando por que a vida é tão injusta com você, ou busca uma solução e um aprendizado?

Perceba que o estado de inconsciência se manifesta quando você não está presente, se comportando como observador e testemunha de todo o resto. Ele se resume em você acionar o modo zumbi.

Quantas vezes você está fragmentado, fazendo cinco tarefas ao mesmo tempo e com a cabeça em mais dez do futuro? Isso é agir de forma inconsciente, alienada e anestesiada. Você está aqui e agora comigo? Sentindo a sua respiração, a textura deste livro, a temperatura do ambiente? Ou está passando os olhos rapidamente para se livrar deste capítulo enquanto pensa na próxima refeição? Enquanto não estiver atento e presente, você não vai estar verdadeiramente vivo.

▼

Eu sei que agora você pode estar assustado e preocupado ao perceber que está a maior parte do tempo ausente em si mesmo, mas calma. Fazer as coisas de maneira automática não é ruim, e sim um mecanismo natural da nossa mente e corpo para poupar energia. Ou seja, tarefas repetidas criam uma sinapse neural por meio da qual a mente as transforma em hábito. Assim, você não precisa despender muita energia para realizá-las. Imagine se você tivesse que parar para pensar toda vez que fosse escovar os dentes, amarrar o cadarço ou mudar a marcha do carro. Não te sobraria recurso energético para mais nada.

O problema é que a mente não distingue um hábito como "bom" ou "ruim"; ela simplesmente obedece à repetição. Quem deveria determinar o que é repetido e se torna automático é a consciência. Ao repetirmos atitudes como a preguiça, a reclamação, o vitimismo, a alimentação ruim, o consumo de celular logo ao acordar... dissolvemos o nosso poder pessoal e nos tornamos cada vez mais desconectados, com maior dificuldade de sair do automático.

Manter-se inconsciente não é viver, e, enquanto você não se tornar consciente disso, vai sobreviver em uma realidade que não é a sua, repetindo padrões distorcidos geração após geração, até que alguém desperte. E quem sabe esse alguém é você.

> *Sentir é inevitável, reagir de forma inconsciente é opcional.*

RELACIONAMENTOS E AMBIENTES DISTORCIDOS

O relacionamento humano é uma das principais chaves para a nossa evolução. Estamos nos relacionando o tempo todo! Com coisas, lugares, pessoas – inclusive nós mesmos. Por isso, quando cultivamos relacionamentos densos, anestesiamos quem realmente somos.

Toda vez que alguém me diz que se iluminou e está curado de todas as suas distorções, eu recomendo que passe uma semana com a família que o criou. Parece uma piada, mas é real: os outros (principalmente aqueles com quem temos intimidade) revelam o que temos de melhor e de pior.

Quando estamos sozinhos nas montanhas meditando na solitude, é fácil nos sentirmos elevados, mas é apenas perante a distorção do outro que eu consigo saber genuinamente o meu nível de paciência e compaixão. Se alguém não faz coisas com as quais você se irrita, como você vai medir e desenvolver a sua paciência? Ou seja, as outras pessoas são sempre oportunidades para a nossa evolução.

Da mesma forma que outras pessoas são espelhos e mestres do seu processo, elas também influenciam onde você está agora. Ninguém é culpado pelas suas escolhas, mas certamente influencia a sua chegada até aqui. O problema acontece quando nos rodeamos de pessoas tóxicas e doentes emocionalmente, pessoas que criam dependência emocional e nos levam para um buraco cuja saída muitas vezes não enxergamos.

Por isso eu quero que você reflita sobre as pessoas com quem convive: quando vocês estão juntos, falam sobre ideias ou sobre a vida alheia? Falam sobre cura ou sobre os problemas do mundo que não farão nada para mudar? Praticam atividades elevadas ou fofocam sem parar?

Observe os relacionamentos que teve até aqui, incluindo familiares, amigos, parceiros(as), colegas de trabalho... E perceba como esses ambientes te construíram.

Talvez você não saiba, mas, na nossa vida primitiva, se não fôssemos aceitos pela nossa tribo, muito provavelmente morreríamos. Foi a nossa união como comunidade que permitiu a sobrevivência e a evolução da espécie humana. Assim, o seu e o meu sistema ainda veem a aceitação e a adaptabilidade a grupos como algo indispensável.

Se você chegar agora em um ambiente em que todos estão falando sobre problemas, naturalmente, para "ser aceito", o seu cérebro vai buscar uma memória trágica ou vai inventar um problema que não existe para se encaixar em tal grupo.

O mesmo acontece para o positivo: se você chega em um lugar onde as pessoas falam de conquistas e melhorias, o seu cérebro também vai se adaptar. O "me diga com quem andas que te direi quem és" nunca fez tanto sentido, pois as pessoas com quem você se permite trocar, interagir e comunicar moldam o seu desenvolvimento.

A mesma adaptação acontece para os ambientes em que você vive. Escola, casa, trabalho, bar, biblioteca, parque, balada, igreja… Cada ambiente tem miasmas (registros acumulados) próprios que moldam a energia e a influência de tal lugar.

Se uma flor do seu jardim não floresce, você a culpa ou busca aquilo, no ambiente, que a está matando? Como pouco sol, muito vento, pouca água, muito adubo. Você muda o ambiente para que o desabrochar aconteça, correto? O mesmo deve acontecer com você. Enquanto o seu ambiente externo for sempre pesado, tóxico e denso, florescer quem você realmente é será muito mais desafiador.

Nesse caso, fazer o natural se torna um esforço sobrenatural. Ou seja, a mudança interior precisa também da mudança exterior.

Se a sua realidade atual é um caos, posso apostar que você não passou os últimos dez anos rodeado de pessoas e ambientes incríveis. Entenda que os relacionamentos que mantemos e os locais que frequentamos não determinam os nossos resultados de vida, mas inclinam para onde e como iremos.

Observe na vida real quantas crianças tiveram boas criações e pais modelos, mas se perderam no caminho pelos grupos de amigos ou ambientes que frequentaram. Às vezes a semente é boa, mas a terra em que ela foi inserida está quase morta. O oposto também acontece: pessoas que nascem em situações muito desfavoráveis, mas que, a partir das suas próprias escolhas, transformam a realidade que as rodeia.

A maioria de nós vive hoje um eco da educação e das referências que teve na infância, principalmente até os 7 anos de idade, quando o nosso inconsciente se mantém "aberto" para compreender o mundo. Registros, crenças e traumas são enraizados nesse período, podendo nos guiar de forma destrutiva por toda a vida adulta. Enquanto não olharmos para a nossa criança interior abandonada, ferida ou que não se sente amada, estaremos sempre reagindo ao meio com um olhar imaturo e magoado.

Você talvez não possa escolher agora com quem mora, trabalha e convive, mas pode determinar o quanto de energia troca com essas pessoas e locais. O importante não é viver em uma bolha apenas com pessoas incríveis e em locais extraordinários, caso contrário você não terá contraste para se desenvolver e a humanidade nunca sairá do lugar. A questão é deixar de se rodear somente de pessoas e locais distorcidos o tempo todo.

Lembre-se a partir de hoje da analogia da flor. Se o ambiente em que ela estiver inserida não for favorável para o seu desabrochar, não importa o quanto a flor tente, ela nunca permitirá que o mundo acesse a sua beleza. O mesmo acontece com o ser humano: todos somos repletos de potenciais adormecidos que vão sendo abafados pelo ambiente em que crescemos e pelas pessoas com quem convivemos.

> As pessoas com quem convivemos e os ambientes que frequentamos não *determinam*, mas *inclinam* o nosso desenvolvimento.

COMBUSTÍVEL INCOERENTE

O mais importante não é o que você é capaz de fazer, mas saber exatamente por que você faz o que faz. A maioria de nós foi domesticado com um padrão de recompensa ou punição, como mencionado anteriormente, o que nos fez pessoas que só partem para a ação por esses mesmos motivos. Ou seja, vivemos em uma sociedade em que a maioria só faz algo (por si ou pelo mundo) por prazer imediato ou por medo.

Olhe ao seu redor: as pessoas que você conhece vão trabalhar todos os dias porque acreditam no que fazem ou porque têm medo de não conseguirem algo melhor? São pontuais nas reuniões de trabalho porque são comprometidas com seus valores ou porque temem ser demitidas? Cuidam da saúde por amor e respeito ao corpo ou porque descobriram uma doença? Isso só nos revela que a maioria é capaz de se movimentar e de se transformar, porém pelo combustível errado.

Talvez você esteja nessa situação, em que já me encontrei tantas vezes, querendo mudar algo: começar a academia, seguir firme uma dieta, terminar um livro, meditar diariamente... Mas começa e para, começa e para, começa e para. Você se identifica? Pois é... Agora vamos mudar esse cenário.

Pense em algo que você sempre quis mudar na sua vida e nunca conseguiu. Por exemplo, o hábito de acordar cedo. E se eu disser que, todas as vezes que você vencer o despertador e levantar no horário combinado, vou te dar 100 mil reais? Sem questionar e sem mais nenhum outro esforço. Levantou, acordou e pá! Dinheiro na sua conta. Provavelmente você levantaria cedo, certo? E, calmaaa, não precisa entrar em crise existencial nem se sentir um mercenário. A maioria de nós, inclusive eu, faria o mesmo, não por sermos movidos pelo dinheiro, mas por esse ser um dos poucos combustíveis que conhecemos e percebemos como recompensa desde pequenos.

Acordar cedo sem recompensa imediata talvez não seja empolgante, mas essa é a vida real: a do longo prazo. Você vai colher frutos *muito* mais doces do que o prazer instantâneo de ver dinheiro entrando na sua conta se mantiver esse hábito, mas vai ter que esperar o tempo Divino para que isso aconteça.

Vivemos em uma sociedade fraca de espírito, pois abrimos mão do que mais desejamos no longo prazo em troca de pequenos prazeres no agora. Nesse caso, trocamos o poder da disciplina, de ter tempo para fazer as coisas com calma, de nos conectarmos com o amanhecer por míseros quinze minutos de sono.

Depois nos sentimos mal e ficamos repetindo que não conseguimos mudar ou continuar nada que começamos. Mas se não nos dedicamos a vencer o despertador, que dirá batalhas maiores na vida.

Agora você já sabe que nunca foi falta de capacidade, mas de estímulo, propósito e combustível. O que move o mundo, meu jovem gafanhoto? Dinheiro, status e poder. Mas isso já não te move mais. O chamado de despertar para a sua verdade inclui o despertar para os combustíveis certos para a sua realidade.

Enquanto você tentar abastecer um carro com perfume, ele não vai andar, correto? Pode ser até que o álcool contido no perfume o faça sair do lugar, mas, com o tempo, você vai destruir o motor. O mesmo acontece conosco, humanos: sem o combustível correto, vamos definhando pouco a pouco.

Recentemente virou moda dizer que se vai fazer algo "na força do ódio".

"Vou treinar na força do ódio."

"Vou trabalhar na força do ódio."

"Vou comer bem na força do ódio."

Isso traz a ideia de que, mesmo detestando uma tarefa, ela será feita por disciplina. Mas já parou para pensar que se o que te move, o seu combustível, for o ódio, é questão de tempo até você se sentir vazio novamente?

É importantíssimo ressignificarmos o motivo pelo qual fazemos o que fazemos. Há várias possibilidades, mas você pode considerar que faz o que faz por:

amor à vida.
honrar uma oportunidade.
disciplina.
responsabilidade.
amor-próprio.
consciência.
princípios.

Há diversos combustíveis que nutrem a ação e o nosso espírito! Por isso, comece a mudar a forma como você fala para ser guiado por aquilo que te move.

MEDO DE ERRAR E DE SER JULGADO

Provavelmente esse é um dos principais bloqueadores da verdade que existem: o medo de errar.

Quero que você se lembre das consequências de quando errava na sua infância. Recebia bronca, palmada, castigo ou violência? Sentia que havia espaço para ser você e aprender com as falhas ou que seria punido toda vez que não se comportasse como o esperado? Essa reflexão é extremamente profunda, pois sabemos, na teoria, que "errar é humano", mas será que as consequências que enfrentamos dos nossos primeiros erros foram tão humanas assim?

Enquanto a nossa sociedade tiver um molde perfeito de ser humano, vamos nos frustrar, pois não fomos feitos dentro dessa fôrma; cada um tem a sua própria. Então, mesmo que tenhamos valores e regras para viver em sociedade, precisamos de flexibilidade para nos adaptarmos às individualidades de cada ser.

No meu caso, por exemplo, eu falhava muito em exatas na escola. Na faculdade, era punida por não suprir as expectativas do mundo. Levava bronca de quem me criava, era rotulada como burra pelos meus colegas, não recebia direcionamento para superar minhas dificuldades... E, em vez de conseguir perceber as inclinações naturais que tinha – persuasão, sensibilidade, criatividade –, eu só me afundava e me culpava por medo de errar.

Mais uma vez, o nosso desejo de *não falhar* não vem da vontade de sermos bons de espírito, mas de desejarmos ser aprovados por quem nos rodeia. Ou seja, não somos movidos pelo desejo de melhoria, mas sim pelo medo (e pela ilusão) de não sermos perfeitos.

Se errarmos, seremos julgados, o que só aumenta essa insegurança. Nisso a minha rebeldia ajudou bastante, pois, mesmo com tantas caixas tentando me aprisionar em um único padrão, eu continuei arriscando. Namorava à distância na época da faculdade, quando ninguém queria nada sério, largava o emprego que era "estável" para buscar algo novo da noite para o dia, me mudava de país e de casa diversas vezes para me sentir mais conectada, começava diversas empresas sem o mínimo de conhecimento e com o máximo de vontade...

Eu nunca me paralisei pelo medo de errar, mas infelizmente isso não é o que acontece com a maioria das pessoas. Talvez eu realmente fosse inconsequente e impulsiva quando mais nova, mas isso apenas me mostrou o tamanho da ilusão que existe quanto ao erro.

Entenda que não estou fazendo apologia ao caos nem dizendo que você deve trair quem ama, roubar um banco ou tirar a vida de alguém, pois essas ações você já *sabe* que são erradas. Estou falando de experienciar coisas cujo resultado você desconhece. Largar um trabalho fixo para empreender, por exemplo, não é certo nem errado, apenas um movimento fora da zona conhecida e da validação da grande maioria.

Grande parte das pessoas vive na bolha da infelicidade justamente por medo de "errar" e de ser julgada por novas escolhas. Mas posso contar um segredo? Não existe certo e errado sem um ponto de referência. Se você tem o objetivo de comprar um alimento, por exemplo, ir à farmácia é errado, mas, caso queira comprar medicamentos, é o caminho certo.

Se a sua referência é viver na "estabilidade", agradar às projeções da sua família e ser bem-visto pela sociedade, aí sim, mudar para a Indonésia para ser artista plástico pode ser um erro. Mas, se a sua referência é honrar a verdade, o que pulsa no seu peito, ser a mudança no mundo e o cocriador da sua realidade, essa viagem é um acerto.

Perceba que existe uma verdade inerente no ser humano. Independentemente dos seus objetivos pessoais, *todos* nós desejamos ser felizes, satisfeitos e nos sentir úteis. Ou seja, tudo aquilo que te mantém na verdade, em movimento, em aprendizado e em desenvolvimento é o caminho "certo".

É por isso que, além de buscar o bem e a verdade diariamente, você deve se conhecer e traçar objetivos de longo prazo para então tomar decisões mais conscientes no agora. Dessa forma, mesmo que o medo surja, você terá coragem para seguir o seu coração.

Para já sentir incômodo no seu ego, pergunte-se aqui e agora: o meu medo de mudar é maior que o meu medo de ficar onde estou para o resto da vida?

> "Toda experiência é uma oportunidade única de aprendizado e evolução, por isso não tema a mudança. Mas tema, sim, não mudar por *medo de errar*."

INÉRCIA E BUSCA PELA ESTABILIDADE

Tudo está em movimento, tudo se move, tudo vibra.[6] Como seres humanos, temos a tendência a acreditar no que podemos ver, e, ao ver este livro que você está lendo agora, o que você pode perceber? Palavras, tinta, papel... Isso está em movimento para você? Talvez você

---

6. Lei da vibração, 3ª lei hermética das sete leis herméticas de Hermes Trismegisto.

me responda que o livro não, mas os pensamentos na sua mente sim. E se nos aprofundarmos além da visão? E se ampliarmos este livro "físico e estático" milhares de vezes? Se chegarmos à sua menor parte atômica, veremos que ele também está se movimentando.

Os elétrons rodeiam o núcleo de cada átomo,[7] nos revelando que tudo vibra no Universo – nada está parado. Assim, não seria loucura pensar que um dos maiores sonhos inconscientes dos seres humanos é a aposentadoria? A maioria de nós trabalha com o que detesta, convive com pessoas que não suporta, faz atividades em que não acredita, compra coisas de que não precisa em troca de uma estabilidade falsa e de uma vida parada. Lembrando que não estou me referindo a pessoas que não tiveram privilégios e oportunidades na vida, mas sim àquelas que podem gerar movimento em direção ao que acreditam e, mesmo assim, escolhem a "estabilidade".

É muito triste ver como as pessoas perdem o brilho dos olhos em troca da inércia. Vivemos a cultura do sofá, do celular na mão e da TV ligada, que nos impede de nos movimentar e transformar. A inércia é o mal do século, pois temos tudo na palma da mão sem o menor esforço, conhecemos parceiros em aplicativos, nos relacionamos virtualmente, fazemos mercado com os dedos. E, quando observamos a nossa realidade, nos frustramos.

Entenda que, quando você deixa de expandir, você não fica no mesmo lugar: você contrai, pois toda a criação do Universo é impermanente, transitória e está em constante desenvolvimento. Contentar-se com a estagnação e confundi-la com humildade, dizendo "Ahhh, mas eu não sou ganancioso. Para mim está bom onde eu estou", vai afastar

---

7. FOGAÇA, Jennifer Rocha Vargas. *Estrutura do átomo*. Disponível em: https://brasilescola.uol.com.br/quimica/estrutura-Atomo.htm. Acesso em: 29 nov. 2022.

você do seu principal propósito aqui na Terra: viver com presença e se desenvolver como ser humano.

Grande parte das pessoas só escolhe evoluir quando se sente extremamente insatisfeita, dando à vida um sentido de eterna ingratidão. Ou resolve parar de evoluir, porque acredita que "chegou lá", por ter conquistado os principais objetivos mundanos (dinheiro, status e reconhecimento), abrindo a porta para o declínio humano.

Observe e verá que a maior parte da humanidade está insatisfeita, depressiva, ansiosa e desconectada. E também na sua zona conhecida. Ou seja, esse é um lugar ilusório e destrutivo tanto para a nossa individualidade quanto para a nossa espécie.

Como seres humanos, temos o privilégio de acessar o poder da consciência e da escolha. Nenhum outro ser possui a consciência de que está vivo, vagando em um planeta no meio do Universo, e de que essa experiência possui um fim. Com esse poder, recebemos a responsabilidade de usá-lo e de não ignorá-lo. Só assim faremos a transição humana do campo animal para o espiritual. É a ação responsável pelo que não dá prazer imediato, mas é o certo a ser feito perante a nossa referência que nos faz sentir preenchidos.

Eu duvido que você encontre alguém realizado que não crie movimento (seja físico, mental ou espiritual). Esse é o nosso estado natural! Será que você só cria planos onde busca a estabilidade, o conforto e a inércia em vez da sua verdade? Certamente é trabalhoso estar em constante melhoria, mas não se esqueça de que enfrentar as consequências de continuar no mesmo lugar também é.

"DESCONEXÃO" COM A FONTE

Uso o termo "desconexão" para que você compreenda em palavras o que eu quero dizer, mas no fundo você nunca está completamente desconectado da Fonte da Vida, de Deus. Quem te criou e te mantém nessa existência é o seu eterno combustível, porém, ao viver uma vida desalinhada com o espiritual, você deixa de notar tal conexão. Sente-se como uma alma perdida vagando por essa realidade, possivelmente sozinho, abandonado e desamparado. Mas isso não é real.

Talvez você esteja vivendo uma realidade frustrada, pois se esqueceu de onde veio. Não se lembra de que, independentemente das suas escolhas até aqui, teve algo que nunca o abandonou. Você não precisa ser perfeito para ser aceito, amado e lembrado pela Fonte da Vida. Você e ela são um, e sempre que você desejar se reconectar será possível. A conexão vem da presença, do silêncio, do contato com a natureza, do olhar nos olhos e se ver em outro alguém, da oração, da meditação... Ela vem de tudo aquilo que te faz lembrar que você nunca esteve só.

Independentemente das nossas crenças ou de termos ou não uma religião, todos somos capazes de tal conexão. E por mais que escolhas como roubo, reclamação, drogas, bebida, mentira e traição tenham feito de você uma pessoa desconectada, nunca é tarde para perceber e mudar.

Eu me lembro de ter questionado Deus inúmeras vezes, de reclamar quando tinha que ir à missa, pois não sentia nada, ou de me revoltar perante uma força maior sendo que tantas pessoas boas sofrem. Mais uma vez, a minha questionadora interior entrava em crise. Se existe algo tão bom e tão superior, por que tantas pessoas ainda vivem na miséria? Por que tantos nascem em condições de extrema pobreza e outros em extremo privilégio? Eu simplesmente não entendia e tal indignação me desconectava cada vez mais.

Estou aqui para te fazer refletir que você não precisa entender algo em sua totalidade para acreditar que é real, assim como um filho não compreende por que o pai não o deixa mexer na água fervendo até amadurecer e ter mais compreensão, você também não entende os movimentos de Deus com totalidade.

❦

A minha prepotência e falta de humildade me faziam querer encontrar a resposta final sobre Deus, a definição exata de onde viemos e para onde vamos. No entanto, com a maturidade da vida e em momentos de extremo sofrimento, percebi que nunca fui abandonada. Que, mesmo questionando a existência de algo maior, nunca fui esquecida, pois eu e Ele somos um.

O problema está em querermos decifrar, rotular e explicar o *infinito* com uma mente finita, o *ilimitado* com uma mente limitada, o *todo* com uma parte fragmentada. Não tente limitar e entender Deus com a nossa pequenez humana; busque senti-lo através das suas escolhas e ações bondosas.

Aquele que plantou os sonhos no seu coração é o mesmo que lhe dá meios para realizá-los. Não tema a grandeza que você pode ser e viver; existe algo que nos sustenta e ampara em níveis que a mente humana não é capaz de acessar. Por isso, se reconectar com o mistério da vida e abastecer o seu espírito de fé é fundamental para que você desperte quem é.

> O Divino se faz presente quando honramos a *nossa verdade* e a manifestamos em vida.

· 4 ·
O que te levará para a sua nova realidade

DECISÃO E INTENÇÃO

Uma decisão pode mudar a sua vida para sempre.

Um basta em um relacionamento abusivo, um não para uma promoção no trabalho, um sim para uma matrícula na universidade... tanto as grandes quanto as pequenas decisões moldam a nossa realidade. A decisão de beijar o meu marido pela primeira vez me fez partir para um relacionamento à distância, mudar de país, abrir o meu próprio negócio e ter o meu filho. Sem o nosso primeiro encontro nada do que aconteceu depois teria sido possível.

Quando decidi que iria me curar do pânico, além da cura em si, me reconectei com a minha essência, acessei a minha espiritualidade, ajudei a transformar a vida de milhares de pessoas e amadureci a forma como me relacionava com a minha família. Quando decidi dar um basta nos resultados medíocres que alcançava, comecei a ler, a me desenvolver e estou aqui e agora escrevendo um livro para você.

No fim, somos um acumulado de decisões e das consequências que elas carregam.

As pessoas inconscientes se concentram nas condições que estão fora do seu controle para justificar suas insatisfações. De que a vida não pode ser melhor por causa da sua situação financeira, da sua raça ou do seu gênero, porque teve pais abusivos ou porque descobriu uma doença tarde demais. Ainda que essas questões não possam ser desvalorizadas, é importante entender que somos capazes de decidir sobre a melhor maneira de lidar com elas.

Deixar de cuidar da sua vida porque outros tiveram privilégios a mais do que você nunca vai melhorar a sua realidade: pelo contrário, vai apenas drenar a sua energia e te afastar da sua verdade. Muitas vezes anestesiamos as nossas dores e fraquezas puxando os outros para baixo. É como se tentássemos sobreviver em alto-mar afogando o outro: no fim ninguém sai vivo da situação.

Esse comportamento nos faz buscar falhas e incoerências na vida de alguém feliz como forma de justificar o nosso próprio fracasso. Ainda que haja estruturas desiguais, lembre-se de que você tem, sim, poder sobre a sua própria vida, e merece, da maneira que conseguir, se cuidar e melhorá-la dentro da sua realidade.

É necessária muita humildade para percebermos que cabe somente a nós decidir o nosso rumo. Que não vamos controlar todas as coisas ruins que nos acontecem nem acabar com todas as injustiças do mundo, mas que podemos, através da nossa própria consciência, decidir enxergar a realidade por uma lente mais limpa e verdadeira.

Por isso, em vez de focar nas coisas que você deveria estar fazendo, pare e tome uma decisão irreversível. Decida qual é o Plano A, com a consciência de que o Plano B é fazer o A dar certo. Decida que não vai ser mais uma vítima das circunstâncias, que não vai mais ser prisioneiro da sua mente e das suas emoções, que você será a sua prioridade e que a partir de hoje vai dizer não para o que não ressoar em você. Decida de corpo e alma que não vai mais gastar o seu precioso tempo de vida com o que não importa. Simplesmente *decida*.

Perdemos na vida quando não tomamos uma decisão e abrimos espaço para negociações mentais, já que a nossa mente nos conhece muito mais do que nós a conhecemos. Ela sabe como nos manipular e conseguir exatamente o que deseja. Quando você diz que vai começar a fazer uma atividade física, por exemplo, começa a criar um movimento para que isso aconteça – compra roupas para treinar e se inscreve na academia do seu bairro. Se criar o hábito de treinar não for uma decisão, você sempre vai abrir espaço para se sabotar e se manter na zona conhecida.

"Está frio demais."

"Hoje estou cansado."

"Já fui ontem, hoje não preciso ir."

Já ouviu essas vozes na sua cabeça? E o cultivo pela pena de si mesmo vai ganhando aos poucos. Agora te convido a refletir sobre outro cenário: casamento. Você jurou amor e fidelidade eternos, correto? Mas e se você só trair a pessoa amada de vez em quando ou porque "a relação está fria demais"? Isso é válido? Não, não é! Porque você tomou a decisão de ser fiel independentemente das circunstâncias.

O mesmo para ir ao trabalho todos os dias, tomar banho, arrumar a lancheira do seu filho... Nem sempre você está disposto, motivado e empolgado para fazer o que precisa ser feito, mas o seu compromisso com a decisão não abre espaço para outras possibilidades. É fazer ou fazer.

Uma decisão pode mudar o rumo da sua vida para sempre, como já mudou tantas vezes no passado. Reflita sobre as decisões que tomou e sobre os pontos de inflexão que te trouxeram até aqui. Quanto mais opções você der para a sua mente, mais ela decidirá por você – e como vimos antes, sempre poupando energia e fazendo o mínimo possível.

E se a sua vida dependesse desse compromisso? Ou melhor, e se a vida de alguém que você ama dependesse da sua decisão inegociável? Você faria acontecer, não faria? Por isso, estou aqui para cutucar o seu ego e te ajudar a resgatar o poder adormecido.

Além de decidir com convicção sobre a mudança que você deseja, tenha uma intenção que a nutra. Você quer mudar, melhorar, curar e se transformar ou agradar a sua família? Você merece viver o seu maior potencial ou quer impressionar outra pessoa? A sua intenção é honrar a sua existência ou provar para o mundo que você é capaz? Lembre-se sempre de que a intenção potencializa a ação.

Pouco adianta ter ações nobres com intenções vazias, pois a verdadeira transformação se inicia dentro de você. Por isso pause a leitura, respire, reflita, e o principal: *decida* por que você decide despertar quem é.

RELACIONAMENTOS CONSCIENTES

A vida é feita de relacionamentos. O tempo todo nos relacionamos com pessoas, coisas e situações. Inclusive o bom relacionamento conosco é fundamental para uma vida saudável e equilibrada, como visto anteriormente. Esse pilar tão importante da nossa vida, assim como tantos outros, infelizmente não foi ensinado para a maioria das pessoas.

Sofremos a pressão de decidir aos 18 anos uma profissão para o resto da vida, mas ninguém pega na nossa mão e fala sobre a importância dos relacionamentos que teremos durante essa jornada. A nossa profissão e as coisas que compramos deveriam oscilar muito mais do que as relações. Pessoas não são objetos descartáveis, mas, por não sabermos nos relacionar, acabamos as tratando como se fossem.

Com o tempo, o valor da comunidade, da família, do casamento, de pais e filhos foi definhando. Amigos não são tão importantes assim, quem trabalha conosco muito menos... E pouco a pouco vamos vivendo desconectados da nossa humanidade. Além de termos uma vida solitária e vazia, perdemos a compaixão de enxergar uns aos outros como irmãos de alma.

Aprendemos a nos relacionar através do que vivenciamos, principalmente na primeira infância, com os padrões familiares e os modelos de relacionamento que nos rodeiam. Se não trazemos luz, consciência e cura para essa área da nossa vida, nós adoecemos, já que o ser humano é um ser afetivo e social. Quanto mais bem resolvidos formos com os relacionamentos da vida, mais transbordaremos luz para as outras áreas.

Vou compartilhar alguns pilares que transformaram o modo como me relaciono e que podem melhorar qualquer relacionamento da sua vida:

1. Amar é uma escolha: muitas pessoas deixam de valorizar relacionamentos longos por acreditarem que, mesmo quando o romance acaba, somos obrigados a continuar juntos (já que assinamos um contrato de casamento, por exemplo). Com isso, a dedicação e a ação amorosa para fazer acontecer desaparecem.

O amor não está apenas no sentimento, mas principalmente nas ações diárias. Se você acha que o outro é obrigado a suprir os seus desejos porque te ama, você se engana. Ninguém é obrigado a estar com você. Então, lembre-se de que, antes de um sentimento, o amor deve ser uma decisão repleta de ação. Uma decisão em que a paciência, a atenção e o carinho estão presentes.

2. Todo relacionamento tem fases: sofrem aqueles que querem sentir paixão a vida toda ou ter amizades desde a adolescência, porque as fases da vida mudam. E, como tudo, o amor e os relacionamentos amadurecem e passam por diferentes ciclos. Tudo na experiência humana tem começo, meio e fim, inclusive os relacionamentos. Por isso, aceitar o ciclo em que se está é fundamental para viver relacionamentos saudáveis.

3. Comunicação clara e amorosa: uma das coisas que mais gera atrito nos relacionamentos é a falta de clareza na comunicação. Quando presumimos que o outro já sabe o que queremos e esperamos que ele faça, é questão de tempo para a relação desandar. Muitos esperam o atrito começar para conversar, brigar e discutir. Mas, se houver diálogo com frequência, de forma clara e amorosa, evitarão muitos conflitos.

Seja sincero com o que você espera do outro e se abra para entender com clareza o que ele espera de você. Ninguém além de você vive dentro da sua cabeça, por isso deixe claro quando algo te incomodar, agradeça quando algo te fizer bem e mantenha-se na mesma página que as pessoas com quem convive.

4. Presença: quantas vezes estamos com os corpos próximos, mas com a energia e a alma distantes? Principalmente por causa do celular, muitos de nós não estamos 100% presentes uns com os outros. Ou estamos ouvindo de maneira reativa para dar logo a nossa opinião, ou estamos com a mente em outro lugar. Por isso, olhe nos olhos, saia do celular quando estiver interagindo, escute com presença e atenção plena, pare de julgar e simplesmente ouça o que o outro tem a dizer. Você verá a qualidade e a intimidade da relação aumentarem drasticamente.

5. **Concentre-se no que o outro tem de bom:** com o tempo vamos nos acostumando a focar nos defeitos da pessoa e no que ela não tem ou faz. Esquecemos de valorizar, reconhecer e agradecer o que o outro realiza de forma rotineira. Mais uma vez, caímos na cilada de achar que só porque o nosso parceiro faz o café da manhã todos os dias, essa é uma obrigação dele, e deixamos de sentir gratidão pelos pequenos atos diários.

Liste as qualidades do seu parceiro, dos seus familiares, colegas de trabalho e amigos, sempre se lembrando do quanto você admira tais características. Depois verbalize e demonstre para o outro que você reconhece os atos de amor que ele pratica.

6. **Mantenha-se no seu papel:** em cada relacionamento, temos um lugar que energeticamente precisa ser respeitado. Às vezes somos filho ou filha, às vezes pai, esposa, mãe, amigo, chefe, e por aí vai. E, quando tomamos o papel de outra pessoa, querendo ser mãe do nosso namorado, por exemplo, geramos desequilíbrio no campo. Olhe dentro da dinâmica do relacionamento e observe com sinceridade se você está no seu papel ou se está insatisfeito por assumir responsabilidades que não lhe cabem.

Eu sempre tive a "síndrome da salvadora" e me metia em diversos papéis que não me cabiam com o objetivo de ajudar todo mundo. Além de me sentir drenada, eu reclamava das pessoas que não reconheciam o meu esforço, e no fim era apenas o meu ego querendo preencher um lugar que não me cabia para me sentir superior. Como se todos precisassem de mim para serem felizes – o que não passava de uma distorção. Quando comecei a ser mulher do meu marido em vez de mãe, filha dos meus pais em vez de terapeuta, líder dos meus funcionários em vez de amiga, uma mudança gigantesca aconteceu na qualidade dos meus relacionamentos. Sobretudo comigo mesma.

7. Tenham valores, sonhos e hábitos em comum: somos seres únicos com individualidades; porém, quando duas pessoas resolvem se unir energeticamente, é importante que tenham alguns valores, sonhos e hábitos em comum. Dessa forma é criado um ponto de ancoragem que sustenta a relação e que equilibra as diferenças de cada um.

Vejo muitas pessoas querendo encontrar o parceiro perfeito, sem defeitos e que preencha o checklist da pessoa ideal. Sendo que isso não passa de pura arrogância. Querer encontrar pessoas prontas em vez de construir relacionamentos e se tornar uma versão melhor de si mesmo por intermédio delas é puro capricho do ego. O ponto de referência para estar com alguém não deve ser a quantidade de defeitos e qualidades que essa pessoa possui, mas sim os valores inegociáveis e os defeitos com os quais estamos dispostos a lidar.

A pessoa pode ter trinta qualidades, mas se o único defeito dela for sonegar impostos, por exemplo, e a justiça for um valor inegociável para você, o relacionamento nunca vai dar certo. Vamos supor, por outro lado, que a pessoa tenha vinte defeitos, mas cultive a virtude da paciência, que você considera fundamental em um ser humano: por isso já valerá a pena estar no relacionamento.

Iniciar uma relação já com a intenção de que o outro mude, sinto dizer, não é amor. Amar é permitir que a pessoa seja ela mesma e lide com as consequências das próprias escolhas. Ao respeitarmos o livre-arbítrio dos outros, abrimos espaço para que nasça um amor menos condicionado.

⚜

Às vezes, você não sai do lugar porque quer que o seu pai comece a cuidar da saúde e medite diariamente. Entenda que, por mais que você queira o bem dele, enquanto ele não decidir melhorar, não vai passar de uma tentativa do seu ego de transformá-lo, ou melhor, de controlá-lo. O seu amor está em se fazer presente, mostrar apoio e, quando ele estiver pronto para se curar, você estar lá.

É muito mais fácil lidar com pessoas que seguem o nosso script, que não nos preocupam, irritam ou nos fazem sofrer, do que com alguém que nos desafia a sermos melhores. Por isso, reveja como você escolhe seus relacionamentos.

8. **Ajuste de expectativas:** muitos desejam acabar com as expectativas para se frustrarem menos e serem mais felizes, mas já pensou que porcaria deve ser conviver com alguém de quem você não sabe o que esperar? Uma pessoa que hoje pode ser fiel e amanhã te trocar por outra? Expectativas devem, sim, existir; o problema está nas expectativas desalinhadas, em que esperamos dos outros coisas que nunca verbalizamos, ou quando o outro espera algo de nós sem nenhum tipo de alinhamento.

Nunca espere o "óbvio". Sempre deixe claras as regras e expectativas que você tem diante daquela relação. Assim fica muito mais fácil que ambos conheçam e respeitem o limite do outro.

9. **Vulnerabilidade:** seja você mesmo. Quando queremos sustentar personagens com outras pessoas para então sermos amados, estamos criando uma ilusão em cima de outra. Se o outro nos ama por uma imagem que passamos e que não condiz com a realidade, concorda que ele ama um personagem, e não você de verdade? Entende que isso sempre vai criar um vazio, uma mentira e um castelo de areia que vai desmoronar na primeira tempestade? A verdade mais cedo ou mais tarde aparece, então cultive-a desde o início.

Não tente ser durão nos seus relacionamentos. Quando mostramos nossas fraquezas, feridas e traumas, abrimos espaço para que o outro nos ajude a nos curar. Quem passa o tempo todo fazendo joguinhos e fingindo que sente algo diferente da realidade está vivendo uma vida distorcida.

10. Saiba o que é importante para o outro: sem empatia e respeito pela individualidade do outro é praticamente impossível viver um relacionamento saudável. Por mais que pessoas próximas gostem de coisas diferentes de você, não trate essas coisas como bobagens, pois são importantes para a outra pessoa. O meu marido, por exemplo, ama esporte, que não tem a mínima relevância para mim. Podem ser Olimpíadas, Copa do Mundo ou a final de não sei o quê, eu não poderia me importar menos. Mas, por ser uma coisa que o nutre, toda vez que ele quer praticar um esporte ou falar sobre o ganhador tal, eu paro e o escuto. Da mesma forma que eu não gostaria de falar sobre filosofia com ele e ouvir um "que besteira!" ou vê-lo revirando os olhos, o mesmo deve ser praticado por mim.

Cada um se sente amado de maneira diferente – se não formos capazes de estar atentos para compreender as necessidades do outro, vamos estar sempre dando coisas que não os nutrem e nos sentindo vazios por dar muito sem ter reconhecimento.

> Você não *encontra*
> o amor da sua vida,
> você *constrói*
> o relacionamento
> da sua vida.

COERÊNCIA ENTRE VALORES E AÇÕES

É fácil termos opinião sobre tudo e exigirmos que o mundo se molde à nossa perspectiva. Muitas pessoas não saem do lugar em nenhuma área da vida por acreditarem que algo externo as salvará. O governo precisa diminuir os impostos, a empresa em que você trabalha precisa aumentar os salários, o vizinho precisa fazer menos barulho, o guru espiritual precisa curar qualquer enfermidade...

Mas e você? O que *você* pode fazer? Não estou aqui para diminuir a responsabilidade de ninguém, mas sim para lembrá-lo da sua! Em vez de querer saber um pouco sobre tudo, escolha saber muito sobre o que verdadeiramente importa. Quais valores guiam a sua vida hoje? Bondade, paciência, honestidade, liberdade, fraternidade? Você sabe pelo menos o mínimo sobre si mesmo antes de querer saber tudo sobre todos?

Com base no conhecimento do que é importante, essencial e inegociável, é possível identificar onde você está e aonde quer chegar como ser humano.

Sempre fui muito explosiva e impaciente, como já contei aqui. Era grossa com as pessoas e não tinha a mínima tolerância com o próximo, até que, no meu processo de autoconhecimento, decidi que paciência era um valor que eu gostaria de nutrir na minha vida. E a partir dessa decisão comecei a ter atitudes que me aproximassem dela: meditar, respirar profundamente, praticar a compaixão, ativar a minha humildade... Quanto mais alinhada eu me via entre o que eu gostaria que o mundo me entregasse e o que eu fazia, mais conectada comigo mesma me sentia.

É fácil encher a boca para falar do mundo ideal, da maneira correta de viver ou de como todo mundo deveria ser. Difícil é honrar esse ponto de vista com ação, não só com opinião. A vida não está nem aí para os nossos achismos. Simplesmente não importa o que eu acho e as lições de moral que saio dando por aí. O que importa é a pessoa que eu sou e os compromissos que eu honro por meio das minhas ações.

O meu (e o seu) papel nesta existência é honrar a teoria através da prática. Achar, saber ou falar sem ação não transforma nada. Se você quer uma mudança significativa na sua realidade, na nação e no planeta, concentre-se em *ser* e *fazer* o que te cabe.

Você não precisa ser perfeito ou o dono da verdade; só precisa agir com cada vez mais coerência com o que vibra no seu coração. Enquanto gastar o seu tempo e a sua energia querendo convencer o outro da sua visão de mundo em vez de ser um exemplo vivo daquilo em que acredita, você vai afundar na incoerência.

A sua visão de mundo, as suas indignações e os seus valores servem como direcionamento para as *suas* ações, não como ferramenta para julgar e punir quem pensa diferente de você.

Se você gastar a sua preciosa vida buscando incoerência nos outros, adivinha o que vai acontecer? Você vai encontrar! Não porque os outros são inferiores, mas simplesmente porque são humanos e, assim como você, estão aqui para evoluir. De opinião, achismo e falso moralismo o mundo está cheio. O que falta mesmo é quem faça acontecer com as próprias mãos.

Honre a oportunidade de estar aqui servindo, agindo, errando, levantando... E dessa forma a colheita não será outra senão o bem maior.

RECONEXÃO COM OS SEUS SONHOS E PORQUÊS

Além de clareza quanto aos nossos valores e ações, precisamos urgentemente nos reconectar com os nossos sonhos de alma. O nosso crítico interno tem tomado conta de nós e matado o nosso sonhador interior. Quanto mais escutamos essa voz sabotadora, menores são os nossos desejos de alma, já que cultivamos uma autoimagem fragilizada e crítica de que não somos capazes. A sua mente vai comprovar a maneira como você se enxerga e fala sobre si mesmo, ou seja, vai criar um filtro distorcido perante a realidade apenas para confirmar e validar como você se vê.

Por outro lado, quanto mais acessamos o nosso poder pessoal e nos tornamos conscientes do nosso potencial, maiores se tornam os sonhos. Percebemos que não há limites para construirmos uma vida e um mundo melhores. Que todos os bloqueios que temos são fruto de um medo oculto: o medo de sermos felizes, o medo do nosso verdadeiro poder.

Isso mesmo, você não leu errado: *medo de sermos felizes*.

Temos medo de manifestar sonhos elevados porque não são o "normal". A nossa realidade está cheia de exemplos de pessoas sofrendo, infelizes e incapazes. E, toda vez que testemunhamos alguém "fora da curva", logo a tachamos de arrogante e criamos suposições ruins pelo fato de ela ser bem-sucedida.

Dói para o nosso ego olhar para alguém que estudou com a gente, ou um irmão que foi criado nas mesmas circunstâncias, e ver essa pessoa prosperando, evoluindo e melhorando enquanto nós continuamos na lama. Afinal, essa pessoa nos revela que, mesmo em condições adversas, é possível viver uma nova realidade, trazendo para a superfície distorções para as quais nos recusamos a olhar.

Vou compartilhar com você um texto de Marianne Williamson[8] que mudou a minha consciência e a minha vida para sempre:

"Nosso maior medo não é sermos inadequados. Nosso maior medo é sermos poderosos além do que podemos imaginar. É a nossa luz, não nossa escuridão, que mais nos assusta." Nós nos perguntamos: "Quem sou eu para ser brilhante, lindo, talentoso, fabuloso?". Na verdade, quem é você para não ser? Você é um filho de Deus. Você, pensando pequeno, não ajuda o mundo. Não há nenhuma bondade em você se diminuir, recuar para que os outros não se sintam inseguros ao seu redor. Todos nós fomos feitos para brilhar, como as crianças brilham. Nascemos para manifestar a glória de Deus que está dentro de nós. Isso não ocorre somente em alguns de nós; mas em todos. Enquanto permitimos que nossa luz brilhe, nós, inconscientemente, damos

---

8. WILLIAMSON, Marianne. *A return to love: reflections on the principles of a course in miracles*. Nova York: HarperCollins, 2007. p. 189.

permissão a outros para fazerem o mesmo. Quando nós nos libertamos do nosso próprio medo, nossa presença automaticamente liberta outros.

Respire, reflita e releia.

Conforme a nossa autoimagem vai melhorando, vamos acessando a divindade que habita em nós, e pouco a pouco construímos uma nova realidade. A lente pela qual nos enxergamos é como o termostato de um ar-condicionado: independentemente da temperatura do lado de fora, ele sempre regulará a temperatura interna conforme a sua programação original. Se você tiver uma visão de que não pode confiar em ninguém, de que ter uma vida abundante é para poucos e de que é uma pessoa ignorante, adivinha só? Não importa quantas coisas mudem do lado de fora, o seu termostato vai voltar a regular a sua realidade para reafirmar a visão que você possui sobre si mesmo. É assim que a autossabotagem se manifesta para acessar e, principalmente, se manter em uma vida elevada. Ela é apenas uma reação para uma ação contida no seu interior.

Cada um de nós é único e tem sonhos diferentes, e nada disso é em vão. Um dos nossos propósitos secundários aqui na Terra é justamente manifestar os desejos que pulsam no nosso coração, por isso não existe sonho grande ou pequeno, melhor ou pior, mas os sonhos de cada um.

Da mesma forma que cada célula do nosso corpo desempenha uma função para a harmonia de todo o sistema, o mesmo acontece com o equilíbrio da humanidade. Quando cada um vive em coerência com o que sonha, acessamos um equilíbrio coletivo. Não tenha medo de sonhar e de criar algo único, pois esse chamado é parte do que agrega sentido a nossa existência.

"Ahhh, mas eu não sei se tenho capacidade de manifestar uma realidade tão diferente da minha atual."

Você realmente não tem. E não, você não me entendeu errado, a sua versão atual não é capaz de manifestar os seus sonhos. Caso fosse, eles seriam meros objetivos que você já teria alcançado. Eles serão possíveis para a sua nova e melhor versão, por isso que os sonhos não servem apenas para serem atingidos, mas sim como luz no nosso caminho, guiando os passos que precisam ser dados no nosso desenvolvimento para que tal realidade se torne possível. Eles que te revelarão quem você precisa se tornar para manifestar e sustentar uma nova vida.

Compreenda que manifestar é tornar visível algo que já existe. Estamos sempre cocriando com o Todo, com Deus. Toda a criação já está finalizada; o que fazemos é acessar essa realidade e perceber que nunca estamos sonhando sozinhos.

Se um sonho chega até nós, é porque somos capazes de realizá-lo. Ou você realmente acha que seríamos criados com desejos impossíveis de manifestar? Que tipo de pai plantaria um desejo genuíno em um filho e depois o tornaria impossível? O mesmo acontece entre Deus e você. Ele, que plantou tais sonhos no seu coração, é o mesmo que te dá meios e oportunidades para manifestá-los.

Para que os sonhos se tornem objetivos e os objetivos se tornem realizações, precisamos definir com clareza os nossos porquês (motivos para fazermos o que precisa ser feito), que são o combustível para a nossa vida do dia a dia. Já falamos da importância da intenção e da coerência de cada ação, mas, para que a mudança se torne palpável, precisamos destrinchar a teoria na prática.

Aprendemos a vida toda a definir "o que" vamos fazer e "como", e poucas vezes nos questionamos sobre o "porquê" de fazê-lo. Defina pelo menos três porquês para construir a vida dos seus sonhos e sustentar as suas escolhas diárias:

1º) **Eu – um porquê individual:** quero me sentir mais confiante ao perder dez quilos, quero poder comprar equipamentos novos sem desafios, quero comer orgânicos diariamente... São motivos que envolvem unicamente você. E, sim, podem ser motivos "egoístas".

2º) **Eles – um porquê relacionado a pessoas próximas, que são importantes para você:** quero aposentar os meus pais, quero comprar uma casa para a minha avó, quero pagar educação de qualidade para os meus filhos – e por aí vai.

3º) **Nós – um porquê pela humanidade e coletivo:** quero aumentar a qualidade do ar do planeta, quero menos miséria no mundo, quero acabar com a fome das pessoas da minha comunidade, quero que os mares estejam livres de plástico...

Por mais que o nosso sonho ainda não esteja claro, é importante termos um porquê para acordar todos os dias e nos movimentarmos para descobrir o que verdadeiramente desejamos cocriar. Lembre-se de ser sincero consigo mesmo. Não defina porquês nobres que ainda não são a sua real motivação, pois eles não serão sustentáveis.

Os nossos porquês mudam ao longo da vida, por isso não se preocupe caso agora você só tenha porquês egoístas e materialistas. Desde que não passe por cima de ninguém, da sua moral e de seus valores, você pode, sim, ser movido pelo dinheiro, pelo trabalho e por coisas materiais. Com o tempo, essas motivações não serão o bastante para preenchê-lo e movê-lo, e novos porquês virão.

> Aquele que te deu a Vida e plantou sonhos
> no seu coração é o mesmo que lhe dá meios
> para realizá-los. *Não tema* a grandeza
> que você pode ser e viver.

CURAR, PERDOAR E RESSIGNIFICAR

Sempre achei que só existisse cura quando estávamos feridos fisicamente. Se tenho uma doença ou sofro um acidente, preciso ser curado ou me curar. Até eu descobrir que o corpo físico é o último dos nossos corpos a manifestar alguma distorção. Antes de termos desequilíbrios como dor de cabeça, ansiedade, gastrite ou dor nas costas, os nossos campos espiritual, mental e emocional já foram desajustados.

O corpo somatiza tudo que não está bem nos outros campos, como se fosse um chamado final para curarmos feridas mais profundas. É uma forma de os nossos desequilíbrios ficarem tão nítidos que se tornam impossíveis de continuar sendo ignorados.

Acredite, todos temos o que curar. Alguns precisam de ajuda profissional para investigar e acessar traumas mais profundos, mas todos, em algum momento, teremos que olhar para trás e fechar as feridas abertas que carregamos de nós mesmos e do mundo.

Para criar uma realidade saudável, será necessário coragem, vulnerabilidade e humildade nesse processo:

1. **Coragem para olhar:** iluminar as nossas sombras ou dores passadas nos causa medo e insegurança, por isso uma ação com cora-

gem é necessária para arrancar os véus que te mantêm na ilusão e te separam da liberdade.
2. **Vulnerabilidade para aceitar:** quando acessamos dores e situações de que não nos orgulhamos, geralmente temos vergonha de aceitar o ocorrido. Mas, se você simplesmente negar o que aconteceu, não vai conseguir realmente se curar. Lembre-se de que aceitar não é concordar, mas sim parar de lutar contra algo que você não controla, e que a vulnerabilidade não é fraqueza, mas um poder humano.
3. **Humildade para perdoar:** o perdão certamente é uma das energias mais elevadas de cura que existem. Para nos perdoarmos ou perdoarmos alguém que nos feriu, precisamos acessar a nossa compaixão e lembrar que cada um dá o que possui e o que o seu nível de consciência permite acessar. Por isso, para o verdadeiro perdão existir, precisamos estar humildes de coração e dispostos a deixar essa dor ir embora. A partir dessa energia, seremos sempre aprendizes em vez de vítimas das circunstâncias.

Por meio da cura de corpo, mente e alma, conseguimos ressignificar as narrativas que nos assombram. Todas as vozes interiores que dizem que não somos capazes, merecedores ou dignos de uma vida mais elevada se calam. Elas nada mais são que um grande eco do que ainda não foi curado.

Por isso, fica aqui um conselho de amiga: se você não quer pagar o preço de ser ignorante como eu fui e achar que apenas pessoas muito doentes precisam de ajuda, comece a se investigar, faça terapia, converse com quem ama e arregace as mangas para se curar. Ninguém precisa acumular uma dor insuportável para começar esse lindo processo.

SE CONHECER CONSTANTEMENTE

Tudo que abordamos até aqui envolve autoconhecimento: a capacidade de conhecermos a nós mesmos. Mas não se engane, não é com este livro, com um retiro nas montanhas ou com uma terapia energética que você vai se conhecer por inteiro. Conhecer-se é como acessar as camadas de uma cebola. Pouco a pouco, você remove uma ilusão de quem está e cada vez mais se aproxima da essência de quem é. E, como acontece ao descascar uma cebola, é bem capaz que algumas lágrimas caiam pelo caminho.

No Portal Despertando, a escola de autoconhecimento que canalizei, os alunos se chamam de cebolas velhas (os que estão comigo desde a fundação da escola) e cebolas novas (aqueles que estão no início da jornada). Esse apelido surgiu justamente da compreensão deles de o processo ser gradual em vez de linear.

Se você tiver pressa para saber todas as respostas do Universo em pouco tempo, vai acessar a falsa sabedoria. De nada adianta ter acesso aos conhecimentos mais antigos da humanidade se a sua consciência não está pronta para integrar e praticar o que ensinam. Conhecer-se não tem a ver apenas com saber sobre si mesmo, mas sim com honrar a sua verdade através da prática.[9]

Você vai ver que, mesmo se curando, expandindo e evoluindo, situações densas vão se repetir, o que fará você se questionar: "Mas, se eu despertei e já acessei a minha consciência, porque esse padrão ainda se repete?". O autoconhecimento e a evolução da nossa consciência acontecem em espiral e não em linha reta, nos fazendo viver

---

9. MERINO, Esmeralda. *H. P. Blavatsky: filosofia de vanguarda*. Disponível em: https://www.revistaesfinge.com.br/2021/05/08/h-p-blavatsky-filosofia-de-vanguarda/. Acesso em: 03 jan. 2023.

as mesmas situações diversas vezes, porém sempre por uma nova e mais elevada perspectiva.

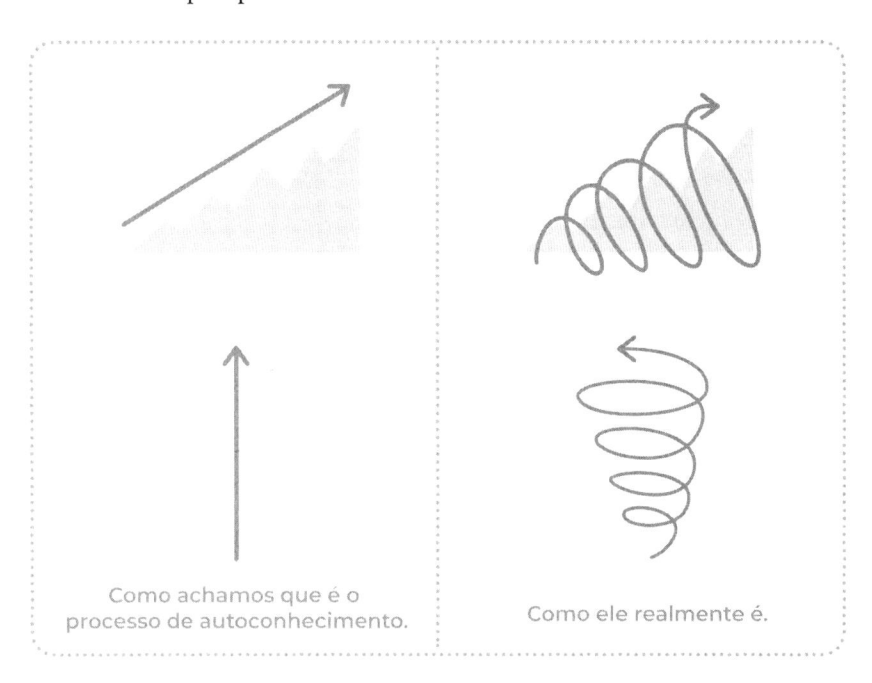

Como achamos que é o processo de autoconhecimento.

Como ele realmente é.

Vamos supor que você sempre tenha sido muito reativo e irritadiço, brigando e gritando com tudo e todos. E digamos que, ao se tornar consciente desse padrão e trabalhar para curá-lo, tenha percebido que ainda enfrenta momentos de explosão. Mas agora já não age como um zumbi em constante inconsciência.

O simples fato de perceber o padrão já é um sinal de evolução, por isso não se iluda achando que você vai ter a resposta para todas as suas perguntas e que não vai viver mais desafios depois de se conhecer de verdade. A diferença é que você vai ter cada vez mais maturidade para não ser levado pelos acontecimentos e emoções que não pode controlar.

Além de acessar o seu poder pessoal, com o autoconhecimento você também acessa a vida espiritual que existe além de qualquer religião ou crença. No fim, autoconhecimento e espiritualidade são a mesma coisa; afinal, o mundo espiritual é a base do mundo manifestado. Com o autoconhecimento, começamos a acessar a nossa verdadeira essência, que é espiritual, independentemente da realidade que manifestamos na matéria.

Para que o movimento de se conhecer seja constante, você terá que nutrir três pilares durante a sua jornada:

1. **Observar e rastrear:** se não nos observamos, não ativamos a nossa consciência em estarmos presentes, mantendo-nos no piloto automático. Não tem como limpar um cômodo enquanto a luz está apagada, por isso o primeiro passo é acender a luz, olhar, reconhecer a sujeira (nossas sombras e desafios) para, então, iniciar o processo de limpeza.

    O rastreamento é a análise, o registro e a documentação da sua observação. Se não a documentamos, não conseguiremos entender a frequência com que certas coisas acontecem, esquecendo pouco a pouco do que fazemos e sentimos, tornando quase impossível o autoconhecimento profundo.

2. **Questionar tudo:** questionar é diferente de duvidar. Questionar é uma chave enorme para não ficarmos estagnados e para sermos manipulados, principalmente pelas nossas próprias crenças e vieses. Mais importante do que achar as respostas é fazer as perguntas certas, e ter discernimento quanto ao que faz sentido ou não por meio da ressonância do nosso coração. Questione crenças e visões de mundo que você sempre defendeu, investigando se são pensamentos próprios ou frutos de sementes que foram plantadas por outra pessoa.

3. **Ter compromisso com o processo:** se não nos comprometermos com o processo e ficarmos esperando alguém nos salvar,

nada vai mudar. Nós temos que ser responsáveis pela nossa própria realidade, dando o nosso melhor a cada dia. Sem a energia do compromisso, começamos, mas nunca continuamos ou finalizamos nossas tarefas. Para se conhecer de verdade, isso é mais do que necessário! Não tem a ver com ser infalível e fazer tudo perfeito, mas com se comprometer com o processo da pessoa mais importante que existe: você. Quem apenas foca no destino, mas não desfruta da jornada, ainda não entendeu nada.

HONRAR A SUA VERDADE E ACREDITAR NO SEU PODER PESSOAL

Durante a pandemia de covid-19, muitas pessoas ficaram angustiadas por estarem em casa, sentindo-se sem liberdade por não terem a escolha de ir e vir. Por muito tempo eu também pensei que liberdade fosse isso: ter tempo livre, ter escolha para corresponder às nossas vontades, ter independência financeira, ter, ter e ter… Mas a verdadeira liberdade está em *ser*.

De nada adianta ter todos os benefícios que eu descrevi se você for um prisioneiro de si mesmo. Uma pessoa inconsciente do seu poder pessoal e da sua verdadeira essência pode estar em qualquer lugar e em qualquer situação que continuará se sentindo presa.

A verdadeira liberdade existe quando você não tem vergonha da sua história, de quem é e das coisas em que acredita. Ela floresce quando você pode ser simples e inteiramente você mesmo, sem medo de errar e sem fazer esforço para agradar pessoas inconscientes! Quem é um eterno buscador de si mesmo sabe que libertar a sua consciência da ilusão é abandonar a pior prisão de todas: a mental.

Se você simplesmente responde aos seus desejos momentâneos, ou seja, fica com raiva e briga, fica ansioso e come um chocolate, fica entediado com o relacionamento longo e sai com outras pessoas, cansa de não ter prazer na rotina e dorme até mais tarde... você está sendo usado pelos seus próprios desejos. Você não é livre de verdade ao reagir a qualquer vontade, porque, no fundo, essas vontades não são só suas. Muito do que você escolhe e deseja é fruto de uma propaganda que viu, de um amigo que te influenciou ou de uma crença que sempre cultivou.

A prova de que isso é real se dá pela observação dos fatos. Como as pessoas que fazem só o que querem, na hora que querem, do jeito que querem se sentem por dentro? E agora pense nas pessoas que vencem a si mesmas diariamente, são disciplinadas, comprometidas e possuem um dever moral. Como se sentem? Esse sentimento é consequência de ações anteriores. Por isso que, no fundo, ter disciplina nada mais é do que ser verdadeiramente livre de si.

Enquanto escolhermos apenas o que nos traz satisfação momentânea, estamos agindo como animais que vivem por impulsos. Mas lembre de que Deus te deu uma consciência para que você saiba o que precisa ser feito, e o livre-arbítrio para que você manifeste isso.

"Ter liberdade é muito diferente de *ser livre*."

Outro ponto importante para honrar sua verdade e liberdade é observar as situações que você cultiva na sua vida. Vamos supor que você sempre tenha sido um apaixonado por animais, ajude várias causas, tenha se tornado vegano, mas, quando sai com amigos que te julgam, corrompe aquilo em que acredita para que não seja julgado, comendo alimentos incoerentes com seus valores só para se sentir pertencente. Ou trabalha em uma empresa que explora e faz testes em animais para lançar produtos mais baratos. Isso o afastará de si mesmo.

Ou vamos supor, então, que você tem dentro de si o sonho de empreender, que já tenha estruturado e movimentado muitas coisas, mas que se mantenha em um cargo público para não magoar os seus pais e para que os colegas de trabalho não te chamem de louco.

Com o tempo, o que você acha que vai acontecer? Você vai se sentir cada vez mais forte e alinhado? Ou uma farsa?

Toda vez que você sabe qual caminho deve ser seguido, mas não o honra com a prática, está corrompendo a si mesmo. Por isso, ativar o seu poder pessoal e conhecer a sua verdade é fundamental para que uma nova realidade seja manifestada e para que você volte a confiar em si mesmo! É fundamental se desenvolver como pessoa, honrar a sua palavra e ter compromisso com os seus objetivos.

Para ativar essa confiança pessoal, quero que você pense na pessoa em quem mais confia.

Agora reflita sobre como essa pessoa se comporta com você. Ela é sempre pontual? Toda vez que você precisa de algo ela está ali? Ela é íntegra com seus valores, cumpre o combinado? Ou é o oposto? Ela nunca atende às suas chamadas, diz que vai fazer algo com você, mas nunca aparece, fala mal dos outros o tempo todo, tem um comportamento completamente incoerente com aquilo que fala?

Pois é, tenho certeza de que a pessoa em quem você mais confia tem mais características do primeiro exemplo, certo? Isso acontece porque confiança é algo que se cria! E quando foi a última vez que você criou isso consigo mesmo? Se você diz que vai acordar cedo, começar a malhar ou mudar de emprego e sempre se deixa na mão, será que pode confiar em você?

Para confiar no poder que habita aí dentro, é necessário ter comprometimento com a sua própria palavra. Você precisa praticar e ser as características das pessoas em quem mais confia daqui em diante. Ou você prefere passar a vida toda dormindo e acordando ao lado de um falso amigo? Assustador de imaginar, né? Pois é: intimidade, amor e confiança em si mesmo são desenvolvidos através do compromisso com a verdade.

· 5 ·
De ator a autor da sua vida

COMECE PELO CÔMODO MAIS SUJO

Naturalmente, ao acessar esse tipo de conteúdo e olhar para a sua realidade, emerge um sentimento de não saber por onde começar e de uma possível impotência perante tantos problemas. Se todos os pilares e áreas da sua vida foram negligenciados e delegados, é mais do que normal que você esteja insatisfeito com tudo, e é dessa insatisfação que eu te convido a fazer uma limonada.

Atente-se às atuais vozes dentro de você, dizendo algo mais ou menos assim: "Pô, legal isso de autoconhecimento, observação e rastreamento de si mesmo, mas, olhando bem, a minha vida está tão caótica que eu nem sei como e por onde começar. Vai ser impossível colocar tudo no lugar".

Realmente é impossível arrumar *todas* as áreas da sua vida de uma vez, pois cada uma vai depender de energias e esforços diferentes. Às vezes, no trabalho, você precisa desacelerar e descansar para que a sua saúde se restabeleça, enquanto nos relacionamentos talvez você precise ativar mais a energia e a disciplina, por exemplo.

Não desanime: isso acontece com todo mundo e vou dar agora uma sugestão que mudou a minha história para sempre.

Logo após ter o meu filho, Noah, a minha vida virou de cabeça para baixo. A empresa estava crescendo e eu não tinha tempo nem cabeça para ser uma boa líder, meu corpo estava abandonado e precisando de cuidados para os quais eu não tinha energia, meu relacionamento estava de lado, já que éramos pais de primeira viagem... Enfim, eu só queria fugir para uma caverna sem Wi-Fi.

A vida sem rotina e com privação de sono me levou ao limite da exaustão e da sensação angustiante de "nunca mais terei a minha vida equilibrada novamente". No entanto, em vez de surtar e resolver equilibrar a vida inteira, eu comecei pelo cômodo mais sujo: o meu sono (mães me entenderão).

Eu tentei por meses cuidar da minha alimentação, da minha mente e da atividade física, mas eu estava há tantos meses sem dormir mais de três horas seguidas que simplesmente não tinha forças para fazer o resto. O meu corpo estava colapsando, os meus hormônios estavam completamente desregulados e eu estava em modo de sobrevivência mais uma vez.

A diferença era que eu já conhecia o caminho que estou ensinando agora. Em vez de ficar reclamando e sofrendo por não ter a vida perfeita, eu direcionei toda a minha energia para resolver esse problema. Meu filho já tinha um ano de idade e continuava só pegando no sono mamando no meu colo, acordando de hora em hora e agarrado em mim o dia todo. Então contratei uma consultora especializada em sono infantil, li e assisti a diversos conteúdos sobre o tema, me comprometi e DECIDI mudar, para o bem de toda a minha família, e parti para a ação. Ao "limpar esse cômodo" da minha vida, naturalmente outras peças voltaram para o lugar. O meu humor melhorou, voltei a ter tempo de qualidade com o meu marido, minha mente voltou a ter clareza... assim, eu continuo usando essa técnica quando tudo parece estar perdido.

Agora, visualize o seu processo de cura, autoconhecimento e desenvolvimento como a reforma de uma casa abandonada. Não tem como reformar um imóvel cheio de sujeira e teias de aranha, assim como não é possível limpar todos os cômodos de uma só vez. Você vai iniciar escolhendo o cômodo mais sujo, vai acender a luz para ver o que precisa ser feito, e então vai iniciar o trabalho de limpeza.

Qual é o seu cômodo mais sujo? Qual é a área mais negligenciada da sua vida? Por mais que às vezes pareçam ser todas, sempre tem uma pior que as demais. Ao cuidar do pior, naturalmente ajustamos os outros pilares da vida, pois a nossa realidade é um organismo vivo interligado, e não um gráfico no formato de pizza. Não existe separação entre uma área e outra, todas são um reflexo do seu mundo interno.

Para conseguir sair da teoria e ir para a prática, é importante que você dê uma nota para cada área da sua vida de 0 a 10 e descubra qual a mais comprometida. Ao dar atenção ao ponto mais denso, naturalmente você terá como consequência uma melhora nas outras áreas.

ÁREA	NOTA
Relacionamentos (amoroso, amigos, família e colegas de trabalho)	
Carreira (profissão, estudos, desempenho e resultado)	
Finanças (quanto ganha, gasta, guarda; relação com dinheiro)	
Físico (atividade física, alimentação, hidratação, sexo e sono)	
Emocional (estado mental, como se sente, autocuidado e como reage ao mundo)	
Espiritual (fé, religião, conexão e preenchimento)	

Analisando a nota de cada área, qual é a mais baixa? Qual delas, se tiver a sua atenção e o seu cuidado, vai potencializar as outras? Caso haja um empate, repita a reflexão e detalhadamente observe a que mais está abandonada.

Por exemplo, "se eu arrumar a minha vida financeira, o relacionamento com o meu marido vai fluir melhor", ou "praticar atividade física deixará a minha mente mais tranquila", ou "criar práticas diárias espirituais vai amadurecer o meu emocional". Escolha uma única área para ter como ponto de partida, trazendo mais consciência, coerência, energia e cura para esse campo da sua vida

Dessa forma, você terá mais clareza do que quer colher, mais consciência do que terá que plantar e mais sabedoria para direcionar energia na sua vida. Aí você arregaça as mangas, levanta o bumbum da cadeira e começa a sua jornada!

A ARTE DE DESAPRENDER

Outra distração durante o processo de autoconhecimento é acreditarmos na ilusão de que necessitamos de mais informação e conhecimento para mudar de vida, sendo que aquilo de que precisamos de verdade é desaprender o que nos limita e afasta do nosso verdadeiro potencial. Ou parar de achar que já temos todas as respostas, já tentamos de tudo e que não há nada novo para nos surpreender.

Quando perdemos a curiosidade pela vida e a humildade do eterno aprendiz, nos bloqueamos com a falsa crença de que já acessamos tudo. Infelizmente, além de essa convicção nos manter no maior campo de ignorância que existe, ela nos tira a flexibilidade de mudar de ideia. Crescemos achando que temos que acreditar em uma única visão e nos manter assim para o resto da vida, o que nos cega para a verdade.

Essa é mais uma pegadinha do nosso ego, que nos mantém na zona conhecida em vez de nos fazer humildes de coração. Com isso, vivemos em uma sociedade doentia, onde todo mundo quer opinar sobre tudo o tempo todo e onde acreditamos que podemos saber sobre todas as coisas enquanto seres limitados que somos. Para romper essa ilusão e se tornar o escritor da própria história, você precisa desaprender que:

A felicidade é um privilégio para poucos.
Ou você é feliz ou é próspero financeiramente.
A humanidade está perdida.
Viver do que se ama é utopia.
Cada um por si e Deus por todos.
Dinheiro é sujo e nos afasta de Deus.
O objetivo maior da vida é a carreira e depois a aposentadoria.
Quanto mais eu tenho, maior o meu valor.
Homem é tudo farinha do mesmo saco.
Não vale a pena ter filhos em um mundo tão perigoso.

Essas são algumas das milhares de crenças coletivas que nos afastam da nossa verdade. Pare um momento para refletir e anotar as convicções que moldam sua visão de mundo. Se nunca questionarmos aquilo em que acreditamos, vamos sempre ser vítimas do meio que nos cerca.

Acreditar é um dos nossos maiores poderes como seres humanos. É através da nossa fé que validamos algo como real na nossa vida. Se você passar a vida toda com a certeza de que Deus é injusto e te abandonou, não importa quantas oportunidades e milagres surjam na sua frente, você nunca será capaz de enxergá-los.

Acredite, é muito difícil olhar para as nossas convicções e perceber que algumas coisas que carregamos a vida inteira eram puras mentiras. Muitos de nós preferimos não ver a realidade por apego a tudo o que construímos (e que deixamos de construir). Preferimos cultivar a arrogância e a prepotência de não assumir que fomos enganados a reconhecer com humildade e coragem as mentiras que o mundo nos contou (ou nos contamos).

Quantas vezes mentimos ou evitamos enxergar algo que está escancarado na nossa frente por medo de sofrer? Preferimos nos anestesiar na amargura da ilusão a passar pelo sofrimento da decepção. Temos mais apego a ideias e visões de mundo do que a propósitos e pessoas. Nós nos identificamos tanto com esses pensamentos que os tratamos como partes do nosso corpo.

Ativar o eterno aprendiz com a intenção de desaprender constantemente, a fim de que a verdade seja revelada, é um passo fundamental para que você desperte quem realmente é. Não se pode acessar a verdade com roupagens que a deixam mais maquiada, prazerosa, agradável ou confortável. Para acessar quem você é, em algum momento você vai ter que enfrentar o desconforto e o constrangimento de enxergar a realidade sem filtros.

Esse processo dói, incomoda, mas é uma das principais chaves que te libertarão. Por isso, agora, eu te convido a refletir e se questionar sobre as suas verdades "absolutas":

De onde vieram esses pensamentos?
São realmente seus ou de outra pessoa?
Desde quando você acredita neles?
Quais os benefícios dessas convicções?
Quais sofrimentos você evita ao acreditar nelas?
Você conhece fatos ou experiências que validem a sua convicção?
O que o moldou até aqui?

♛

Além dos questionamentos, pratico duas atividades no meu dia a dia que me auxiliam a manter a energia do eterno aprendiz:

1. Sigo na internet e convivo com pessoas que pensam de modo diferente de mim, que têm uma visão de vida, religiosa e política diferente da minha. A única coisa que mantenho em comum são os valores; de resto, sempre me rodeio de pessoas que trazem pontos de vista fora da minha bolha e me fazem questionar coisas pelas quais eu bato no peito.
2. Eu oro, pedindo que Deus me revele a verdade e do que preciso para evoluir. Muitas vezes nos conectamos com o Alto apenas para pedir a vida que tanto desejamos e para que acabe com o nosso sofrimento, mas nem sempre o que queremos é o melhor para o nosso processo. Então, eu me abro para que a verdade seja revelada, cultivando sempre a fé de que o que chega até mim (bom ou ruim) tem um propósito com o qual sou capaz de lidar. Isso também é uma crença.

É importante nos lembrarmos de que existe a Verdade absoluta, acreditemos nela ou não. Mas, enquanto seres humanos, temos a realidade moldada por aquilo que validamos. Damos vida a tudo em que acreditamos, independentemente de ser real ou não.

Para resgatar o seu poder, é necessário reconhecer a Verdade que te cerca e questionar constantemente a sua visão de mundo. Nem tudo o que você aprendeu é realmente necessário, verdadeiro ou positivo para a sua vida.

> Desaprender o que te limita é tão importante quanto aprender sobre o que *te liberta*.

REMOVENDO AS MÁSCARAS

Uma das principais coisas que nos afastam da nossa verdade são as máscaras que usamos há tanto tempo. Elas estão tão enraizadas na nossa identificação mental e escolhem tanto por nós as nossas ações que são praticamente entidades vivas que se manifestam através de nós. Por isso eu pergunto:

Quais personagens têm ocupado a sua realidade e vivido por você?

Quantas máscaras você usa nas realidades em que transita?

Quem é você quando está com seus pais?

Quem é você com seus amigos, colegas de trabalho, pessoas simples, pessoas com maior poder aquisitivo?

Você se veste e se comporta da mesma maneira, diz as mesmas coisas em todos os grupos e lugares por onde transita?

Ou vive como um camaleão, buscando energia do além para ativar um personagem em cada situação?

Não estou aqui falando dos papéis que temos; afinal, ativamos uma parte diferente do nosso ser quando estamos com um bebê ou com o nosso chefe. Ativar partes distintas do mesmo ser é diferente de fingir ser vários seres.

⸻

Quanto mais papéis você assume, mais o seu autor se mistura com os atores que cria. É como se o escritor de uma peça criasse tantos personagens que se perdesse na sua própria realidade e se esquecesse de quem é.

Além de demandar muita energia, vestir vários personagens te mantém no piloto automático, fazendo você se esquecer do motivo de estar aqui e da sua missão. E quanto mais alienado, você já sabe, mais manipulado.

Recomendo que você faça uma lista das máscaras que usa para se sentir mais confiante, divertido ou intuitivo, por meio das quais finge ser alguém que não é. Com base nesse exercício você vai conseguir avaliar se está vivendo de verdade ou atuando como um personagem de cinema.

Exemplos: você pode usar a máscara do bonzinho com os amigos (ela o faz se sentir pertencente e o protege da solidão), a máscara do perfeccionista com o chefe (ela garante o seu emprego e protege você de ser obrigado a recomeçar profissionalmente), a máscara do controlador com os filhos (ela os faz obedecer você e o protege de falhar na criação deles), a máscara do positivo com os vizinhos (ela os leva a pensar coisas boas a seu respeito e protege você de ser julgado)...

MINHAS MÁSCARAS	O QUE EU ACHO QUE "GANHO" AO USÁ-LAS	DO QUE ELAS ME PROTEGEM

Repare que, toda vez que você precisa agradar alguém ou se transformar como um camaleão para ser aceito em determinado grupo, se sente drenado e exausto energeticamente. Isso acontece porque você não está atuando no campo da verdade.

Todos detestamos mentiras – julgamos quem mente para nós ou trai a nossa confiança –, mas será que você não tem agido dessa forma consigo mesmo? Fingindo algo que não pulsa no seu coração? Mentindo para si sobre precisar se adaptar ao meio, caso contrário não será feliz?

Vestimos personagens como uma forma inconsciente de nos proteger ou de agradar. Se você teve uma infância com muitas responsabilidades e precisou assumir o papel da sua mãe ausente, por exemplo, pode ser que hoje use a máscara da durona, de quem dá conta de tudo sozinha, da pessoa de quem todos têm medo por parecer brava, mas que no fundo não passa de uma criança com medo.

Se você sofreu bullying na escola por causa da aparência, e agora usa a máscara do julgador que faz fofoca sobre tudo e todos como se fosse superior, também não passa de uma criança ferida. Muitos de nós usamos a máscara da raiva para esconder um sofrimento, porque é muito mais fácil reagir com agressividade do que olhar para uma tristeza e curá-la.

A internet digitalizou os nossos personagens. As pessoas usam tantos filtros para se apresentar no mundo digital que, quando se olham no espelho real, não se reconhecem. Criam avatares digitais, perfis fake e um novo personagem público, acreditando que estão ganhando algo com likes e comentários de estranhos enquanto o vazio interno só aumenta e a sensação de falta as atormenta constantemente.

Por eu estar professora e mentora de autoconhecimento, é natural que o meu ego queira corresponder às expectativas do mundo. Que queira vestir um personagem espiritual que não falha e fala manso.

Mas essa não é quem eu estou. Por isso sempre me lembro e lembro os meus alunos do quão falha eu sou. De que, mesmo conseguindo acessar diversas curas e níveis de consciência, eu continuo sendo humana. Poder ser quem eu sou (e estou) na sala de aula, nas minhas redes sociais e nos grupos em que convivo é a minha maior riqueza, é a minha liberdade.

Chegou a hora de se libertar de cada uma das máscaras que te afastam da sua essência e da sua parte que precisa de cura. Dessa forma você poderá acessar um poder que nunca imaginou que existisse dentro de você: o da verdade.

HONRANDO A SUA HISTÓRIA

Um dos motivos pelos quais nos perdemos nesses personagens é a vergonha do nosso passado. Negamos e tentamos anular coisas ruins que fizemos ou que fizeram conosco. Porém, como já vimos antes, na sua história habita parte do seu poder.

Ela é única, não interessa se foi desafiadora ou não, é nela que habita algo que só você possui: as suas experiências. Tudo o que você viveu te construiu até aqui: as alegrias, as dores, as superações, os medos, os amores... cada experiência foi moldando um estado diferente do seu ser até chegar à pessoa que você está hoje. É através de cada uma dessas experiências que a verdadeira transformação acontece.

De nada adianta você ler trezentos livros de nadadores profissionais se nunca entrar em uma piscina. Ou fazer quarenta cursos sobre parto e maternidade se nunca decidir ter filhos. A teoria expande, mas só a vivência transforma.

Infelizmente vivemos em um mundo que valoriza cada vez menos as experiências reais. Nós nos anestesiamos e nos mantemos distraídos com o objetivo de amenizar as sensações do mundo real. Fazemos isso de forma inconsciente por não termos inteligência emocional para lidar com as nossas dores ou por não vermos tanta graça nas sensações reais comparadas aos estímulos digitais. Assim, nos esquecemos sempre não só de quem somos, mas de onde viemos.

Você só está aqui agora, lendo estas linhas, porque os seus pais te deram a vida. Talvez ao ler isso o seu ego sussurre algo do tipo: "Ahhh, mas o meu pai me abandonou e a minha mãe sempre foi ausente na nossa criação". Mesmo assim. Independentemente da qualidade da sua criação, se não fossem todas as escolhas que eles fizeram e as consequências disso, você não estaria aqui.

Então, além de honrar o seu passado e tudo o que viveu de agradável ou desconfortável, é necessário entender que o que os seus ancestrais escolheram fazer e as coisas de que abriram mão foram necessários para criar o ser humano que você está.

É possível que você ainda me diga: "Mas eu não queria estar aqui, a minha realidade é uma droga, eu detesto tudo na minha vida – o meu corpo, o meu trabalho, os meus resultados e relacionamentos. E só me sinto assim pelo que eles fizeram comigo".

Talvez isso pareça uma verdade no seu campo mental atual, mas, no plano espiritual, você escolheu nascer em determinadas condições para se desenvolver nessa vida – e evoluir espiritualmente. Por isso, honrar pai e mãe não tem a ver com concordar ou conviver com eles e muito menos com agradá-los. Honrá-los é sobre respeitá-los como seres humanos, perdoá-los por serem pessoas falhas como você e agradecê-los por terem dado o seu maior presente: a vida.

Todo agressor já foi uma vítima. Então, toda vez que você quiser compreender com profundidade a história de quem te feriu, vai descobrir que esse alguém também já foi ferido em algum nível e grau. Pois cada um dá o que possui dentro de si e o que o nível de consciência é capaz de oferecer. Claro que a teoria é muito mais fácil do que a prática dessas virtudes, mas o que eu quero plantar no seu coração é a decisão de ressignificar a energia que faz você se envergonhar do seu passado.

No campo vibracional e espiritual, a energia materna é responsável por canalizar a frequência do amor através da nutrição e do acolhimento, enquanto o amor paterno deveria se manifestar por meio da proteção e do provimento. Lembrando que, quando falamos de energia feminina e masculina, não estamos falando de gênero, mas sim de polaridades energéticas complementares. Vemos essa matriz primordial nas plantas, nos animais, nos astros e em nós. Independentemente da orientação sexual de um casal, cada um terá uma inclinação energética predominante e oposta à do seu parceiro. Isso significa que podemos ter um pai que canaliza mais a energia materna (feminina – por meio do preparo das refeições, dos cuidados com o lar e do amparo emocional para os filhos) e uma mãe que canaliza mais a energia paterna (masculina – através do pagamento da escola, de mostrar aos filhos o mundo e de incentivá-los a vencer)... O equilíbrio se dá em recebermos amor de todos os polos.

Eu sei que a maioria de nós não nasceu em famílias conscientes, capazes de oferecer essa criação amorosa e respeitosa. Por isso mesmo todos nós temos o dever de ser a geração que desperta, perdoa, cura e transforma o que vai reverberar para as que estão por vir.

Talvez você não tenha percebido que nas suas maiores dores vive a sua maior cura. Se, em vez de negar o seu passado, você o honrar, tudo vai mudar. Só estou aqui, escritora, neste momento, porque não neguei a minha síndrome do pânico, o meu aborto espontâneo ou o meu Green Card negado. Não neguei aqueles que me feriram ou desapontaram e os projetos que falharam. Através da minha trajetória, cura e superação, consigo hoje entender a dor de outras pessoas com mais profundidade e ajudá-las a se libertar também.

Dentro de cada fracasso existe uma semente de sucesso equivalente. Por isso, cada grande desafio que recebemos é uma oportunidade Divina de crescermos como seres humanos e espirituais. Enquanto tudo sai conforme o planejado, você não precisa praticar a resiliência, a força de vontade ou a habilidade de achar soluções. Mas quando você vive grandes problemas é que é verdadeiramente convidado a testar e aprimorar as suas habilidades.

Por acaso você prefere os filmes cujo personagem principal nasce, cresce e vive de um jeito fácil, sem desafios, com tudo estável e igual? Ou prefere aqueles em que o protagonista passa por poucas e boas, enfrenta injustiças, sofrimentos, mas supera a si mesmo e vence no final? Eu sei que a resposta é a segunda, e não por conhecer o seu gosto por cinema, mas porque esse é o nosso estado natural: o de superação! Parte da nossa missão de vida é usar a nossa história como poder e não como punição.

Honrando todas as escolhas que nos trouxeram até aqui, conseguimos mudar não só a nós mesmos, mas o mundo. Eu me inspiro e desperto o melhor em mim quando vejo uma pessoa que sofreu um acidente de barco e ficou tetraplégica, mas que, em vez de desistir, virou palestrante. Eu me inspiro na dona de casa que criou oito filhos sozinha e que, em vez de desistir, abriu uma escola para ajudar crianças ainda mais necessitadas. Eu me inspiro na Malala, no Martin Luther King e na Madre Teresa da mesma forma que me inspiro em você.

Aquele que usa a sua história como um meio para Deus se manifestar na Terra vai iluminar e inspirar todos os que o rodeiam. Por isso, quando nego acessar algum desconforto, reconheço que é um mero ato de egoísmo. Egoísmo diante da minha própria vida, pois não permito que ela acesse o seu maior potencial, e egoísmo com os outros, pois, toda vez que não transbordo a minha superação, estou impedindo que outras pessoas despertem e acessem os seus potenciais também.

Jamais vou viver todas as experiências deste mundo, nem você. Por isso, através da honra e da validação da nossa história, contribuímos para a evolução humana. Tudo que você viveu (por mais difícil que tenha sido) não foi em vão e não foi castigo – foram as experiências que guardam a chave da sua liberdade pessoal!

Você preferiria ser operado por um cirurgião que tem diplomas das melhores universidades, mas nenhuma experiência, ou por alguém que se formou em uma faculdade menos conhecida, mas que já tratou de milhares de casos de sucesso? Mais uma vez, eu só sei o que você está pensando porque a experiência importa! Não adianta termos acesso ao conhecimento se não formos validar o que é vivido na prática.

Quanto mais você integrar isso e olhar para a sua história como pedras que construíram um castelo e não como pedregulhos no seu caminho, mais próximo da sua essência estará.

Parte do seu poder está na sua história e nas suas *experiências únicas.*

ATIVANDO A AUTORRESPONSABILIDADE

Como acabamos de ver, você não é culpado por tudo que aconteceu na sua vida, mas é responsável pelo que vai fazer com a sua dor. É por isso que a autorresponsabilidade é uma das principais chaves para a autotransformação. Enquanto você não compreender esse conceito, dificilmente vai sair do lugar.

A primeira vez que ouvi a respeito de assumir a responsabilidade sobre a minha vida, fiquei muito irritada. A Matilda (como chamo meu ego) que habita em mim esperneava dizendo: "Como assim eu sou responsável pela minha realidade? Não escolhi os desafios que vivi, não sou culpada pelo governo, meu chefe, familiares... Isso não faz sentido!".

Cheguei a adoecer emocional e fisicamente devido a minha rotina, aos meus hábitos e às minhas escolhas inconscientes. O nível de estresse e ansiedade era tão alto que o meu corpo começou a colapsar. Além das crises de pânico, da insônia e da compulsão alimentar, eu ficava gripada semanalmente, com a garganta inflamada frequentemente, desenvolvi úlcera no intestino... Até que cansei e decidi dar um basta nesse estado de sobrevivência.

Ao tomar essa decisão (já falei aqui da importância), percebi que havia muito no meu controle que eu ignorava e muito do que estava fora dele com que eu gastava energia.

Os acontecimentos externos que eu não podia controlar, como um pé na bunda, uma semana chuvosa e um governo corrupto, eram no que eu mais colocava energia. Eu ficava ruminando rancor, cheia de indignação e raiva por o mundo ser do jeito que é. Só que mal sabia eu que, além de estar drenando a minha própria energia vital, eu estava piorando essa realidade em vez de transformá-la em algo melhor. Isso mesmo: eu estava piorando aquilo que já detestava.

Como já vimos aqui, tudo em que colocamos foco ganha vida e cresce. Focar o que não queremos só faz mais dessa a nossa realidade. Você já percebeu que, quando coloca algo na cabeça, essa coisa começa a se multiplicar e aparecer em todos os lugares? Quando você está querendo engravidar, vê grávidas e bebês em todos os lugares. Quando quer trocar de carro, vê o seu modelo favorito em todos os lugares. Quando quer alugar um apartamento, percebe que está todo mundo falando desse assunto.

Isso acontece com todo mundo. O bebê, o carro e o apartamento sempre estiveram na nossa realidade, mas o cérebro escolhe no que vai se concentrar por não conseguir olhar para tudo ao mesmo tempo e prioriza aquilo para o que você direciona atenção, foco e importância. Isso significa que, se você se concentrar no ódio, nas tragédias e nas injustiças, estará dizendo para a sua mente encontrar onde mais isso se manifesta ao seu redor, abafando e ignorando as coisas boas. Mas o mesmo acontece quando canalizamos a nossa energia para as coisas elevadas, por isso é nossa responsabilidade o que queremos que ganhe vida.

Quando entendi que, mesmo sem ser culpada pelas coisas que me aconteciam, eu era sempre 100% responsável pela maneira como reagia a isso, tudo mudou. Um poder pessoal renasceu em mim, e eu finalmente entendi o poder da autorresponsabilidade. Ser responsável pela sua vida não é se culpar por tudo que acontece, isso é loucura. Não há como controlar o que chega até você, mas você pode decidir até quando o que acontece vai te controlar.

Por isso é importante honrar e focar o pouco que podemos controlar: nossos hábitos, comportamentos, gratidões e reações. Essa é a chave para sermos a mudança que queremos ver no mundo. Essa ideia manifestada pelos mestres Cristo e Gandhi não é utópica, mas um resumo do que precisamos para viver em uma sociedade melhor.

Enquanto você não se responsabilizar pela sua vida, não terá o poder de mudá-la e continuará refém dos acontecimentos externos.

Você pode ser como um bote que está à mercê da maré ou como um navio que, independentemente das ondas, consegue se manter no seu caminho. Assumir a responsabilidade pela sua realidade é resgatar o leme do seu navio; é parar de deixá-lo à deriva culpando o clima, as ondas, Deus... E começar a dar prioridade ao que importa e àquilo sobre o que você tem controle.

Essa mentalidade não vai mudar o seu passado, mas pode, pelos aprendizados anteriores, te direcionar para um presente e um futuro mais alinhados com a sua verdade.

Pare hoje de delegar as decisões da sua vida para as autoridades, sejam elas médicos, juízes, políticos, padres, professores e por aí vai. Por mais que eles tenham muito conhecimento e capacidade, ainda são seres humanos. O responsável pela sua saúde e pela sua cura é você; o médico é só um instrumento. O responsável por ações justas e éticas é você; o juiz é só um instrumento. O responsável pelo bem-estar da sua família e pela melhora da sua comunidade é você; o político é só um instrumento. O responsável pela sua evolução espiritual e pelo seu desenvolvimento humano é você; o líder religioso é só um instrumento.

Quanto mais você delegar a cura, a transformação e a salvação a coisas e pessoas que estão fora do seu controle, menos poder pessoal terá para se transformar. Honre esses profissionais para que eles o guiem no caminho, mas lembre-se de que você é o único responsável pelas suas escolhas e pelas consequências delas.

> Você não pode controlar o que acontece,
> mas pode decidir até quando
> o que acontece vai *controlar você*.

LIBERTANDO-SE DA VÍTIMA INTERIOR

Existe uma voz dentro de cada um de nós que eu chamo de vítima interior. Também conhecida como voz do ego ou eu inferior, é a voz que sabota diariamente as suas tentativas de viver com consciência.

O conjunto de identificações distorcidas cria um campo, um personagem, uma entidade, que está sempre na defensiva, culpando tudo ao seu redor menos você mesmo. E, com o passar do tempo, ela vai ganhando cada vez mais força, se autovalidando nas experiências e narrativas e, como uma bola de neve, ganha tanta força que fica quase impossível de ser silenciada. Essa voz é a que te mantém no vitimismo ainda que a sua situação como vítima já tenha se encerrado.

Vamos supor que você tenha sofrido um assalto, por exemplo. Você foi vítima do assaltante naquele determinado momento, mas, por uma mentalidade repleta de pensamentos distorcidos e narrativas repetidas, pode ter se mantido nesse estado depois que a situação terminou. Como já comentei, o ser humano é o único ser que vive mais de uma vez a mesma situação – por repeti-la constantemente dentro da própria mente.

É muito mais fácil culpar a nossa mãe narcisista, o nosso pai alcoólatra, o governo corrupto, o vizinho que faz barulho, o chefe que não paga bem, do que assumir a responsabilidade pela mudança, como vimos anteriormente. Por mais que certas pessoas, coisas ou situações tenham influenciado experiências na sua vida, elas não determinam a sua realidade a partir de agora.

O que determina a forma como você vai viver é saber se quem está no comando das suas ações é a vítima interior ou a sua consciência. Para compreender quem está no controle no momento, observe as seguintes características e (com muita honestidade) reconheça os comportamentos mais presentes no seu dia a dia.

Vítima interior: reclama diariamente sobre tudo, se nutre de notícias e acha que a humanidade está perdida; acredita que os acontecimentos do passado nos condicionam para sempre; acha que, para mudar de vida, os fatores externos precisam se resolver primeiro; vê o mundo como injusto, pois permite que algumas pessoas sejam azaradas e outras sortudas; sofre como uma criança mimada quando enfrenta uma situação desagradável; reage com emoção a tudo que acontece e espera por grandes acontecimentos para se sentir brevemente feliz; opina sobre tudo mesmo sem ter conhecimento aprofundado; se nutre de informações de forma passiva sem pensamento crítico e discernimento próprio; culpa sempre alguém ou alguma coisa para justificar os seus fracassos; desiste com frequência; quer colher muitos frutos sem colocar esforço na plantação; acredita na sorte e no azar, achando que o mundo conspira contra ela.

Consciência: agradece pelos pequenos milagres diários; concentra a energia no que pode transformar; aceita os acontecimentos passados e aprende com eles; acredita que tudo está conectado e que nada chega até nós por acaso; decide mudar de vida e usa o seu poder pessoal para criar esse movimento; acredita que a mudança do macro começa no micro e em cada um de nós; assume com maturidade as responsabilidades da vida; se desenvolve através dos desafios; se concentra na jornada em vez de no destino final; age em estado de lucidez mental pensando por si e avaliando a teoria através da experiência; escuta e faz mais do que fala; respeita pessoas e ideologias diferentes; não tenta mudar o mundo o destruindo, mas sim se desenvolvendo todos os dias; inspira as pessoas ao redor pela sua vulnerabilidade e pela sua coragem; é humilde e não se considera superior por ter acessado um novo grau de sabedoria.

Provavelmente você transita entre esses dois campos – quase ninguém vivo na Terra permanece o tempo todo em estado iluminado de consciência –, mas, através da observação e da autorreflexão sobre esses comportamentos, é possível notar qual deles tem dominado a sua vida e tomar atitudes para melhorar.

Para se libertar dessa vítima interior que impede a sua consciência de viver a verdade, recomendo que você dê um nome para ela. Como te contei anteriormente, a minha eu chamo de *Matilda*. Toda vez que um pensamento destrutivo ou vitimista chega, eu me desidentifico dizendo: "Ó ela aí, a Matilda novamente".

Reconheço a presença dela, me vejo separada dela, agradeço pelos pitacos dados e depois a ignoro. Da mesma forma que, quando conheço uma pessoa desagradável, fofoqueira e mentirosa, eu não a convido para entrar na minha casa, mantenho distância dos meus pensamentos destrutivos, vitimistas e mentirosos.

> Pensamentos vitimistas vêm e vão,
> mas só ficam *aqueles que nutrimos*
> e que recebem nossa atenção.

RESGATANDO SEU PODER PESSOAL

Muitos misturam poder pessoal com força. O seu verdadeiro poder não está no volume de dinheiro que você tem, na quantidade de pessoas que influencia, no seu status social ou na sua capacidade de colocar medo em outro ser. O poder pessoal habita na capacidade de acessarmos a nossa verdade e de transbordá-la em tudo o que fazemos.

É a partir desse resgate que nos reconectamos com a Fonte da Vida, deixamos de sentir preguiça, de reclamar e de permitir que a vida passe despercebida. Imagine que Deus (ou a força maior que criou o cosmos) batesse na sua porta e lhe entregasse um presente. Como você agiria? Jogaria fora ou guardaria em um lugar especial? Ignoraria ou cuidaria com toda a responsabilidade do mundo? Pois é, e se esse presente já foi dado? E se ele for a sua *vida*?

Estar aqui e agora é um milagre e um presente Divino – nem eu nem você estamos aqui por acaso, a passeio ou de férias. A sua vida tem uma importância única, e, como um presente do Alto, precisa ser tratada como tal. Você se esquece disso pois foi criado em um sistema de medo e recompensa. Assim como é feito com alguns animais, você foi domesticado, anestesiado e limitado quanto a viver a sua verdade.

Os sistemas educacional, alimentício, de saúde e trabalhista reforçam essa conduta de insegurança e incapacidade durante toda a nossa vida. Assim, o único meio de despertarmos a nossa verdadeira essência é através da nossa própria Vontade Interior. Uma pessoa livre e realmente poderosa quanto a si mesma não nutre tais sistemas, mas cria, sim, uma nova realidade baseada em valores, bondade, amor e verdade.

Como você já sabe, existem recursos práticos para ativar o seu poder pessoal. Alguns já mencionei aqui, então vou resumi-los para que você internalize e assimile melhor:

Desenvolver-se em alguma coisa: a prática faz o mestre em tudo, e talvez você só não tenha confiança em si mesmo porque ainda não se permitiu se desenvolver em alguma área da vida, um tema ou uma técnica. Escolha um esporte, uma profissão ou um hobby com o qual se identifique e *pratique*. Você vai ver que é muito mais capaz do que sonhou. E vai entender que o seu poder está mais em fazer a mesma coisa milhares de vezes do que em fazer um pouco de milhares de coisas. Enquanto você se mantiver indeciso e focar várias ideias ao mesmo tempo, jogará energia fora e não verá o seu poder emergir. Decida aqui e agora um propósito de vida com o qual se comprometerá todos os dias, um objetivo de longo prazo e inegociável que irá clarear quais ações precisam ser tomadas no dia a dia. Não espere para descobrir a sua missão em algum lugar secreto, isso é distração. Tome uma decisão e leve todo o seu foco para que ela se manifeste.

Honrar a própria palavra: já vimos que honrar a nossa palavra é uma forma de ativar a confiança em nós mesmos. Comprometa-se com menos metas e execute mais. Toda vez que você fala que vai fazer algo e não faz, o seu poder diminui. Se não pode prometer nada, não assuma compromissos. Só podemos acessar a Verdade quando a cultivamos dentro de nós mesmos.

Impor limites: quem não sabe pedir o que deseja ou negar o que não quer será sempre vítima dos desejos alheios. Você precisa saber falar e impor o que quer e assim defender aquilo em que acredita. Não é negativo falar *não*, pois toda vez que falamos *sim* para algo estamos negando o seu oposto e vice-versa. Se você diz *sim* para os outros e para tudo o tempo todo, automaticamente está falando *não* para si mesmo.

Ser aquilo em que acredita: *walk your talk* é uma expressão muito usada nos Estados Unidos, que significa "ande a sua fala". É muito mais fácil mantermos achismos sobre as coisas do que nos transformarmos naquilo. Você honra as coisas em que acredita com a sua conduta, e não com o seu discurso. Falar sobre verdades em que acreditamos não vai mudar o mundo; ser a mudança vai. Traga mais coerência para aquilo que pensa, sente, fala e faz.

Honrar a sua história: o seu poder está nas experiências únicas que você viveu. Mesmo tendo passado por traumas e situações desafiadoras, é justamente nessa cura que está o seu poder. Quando compreendemos e aprendemos com a nossa história, conseguimos honrá-la e ser luz na vida de outras pessoas. Carregar mágoa, rancor e vergonha tornam o nosso campo energético extremamente denso e fragmentado, o que impede a criação de novas realidades. Aqui mora a chave para a vida de sucesso: em encontrar a semente de crescimento dentro dos desafios e plantá-la com a superação do autodesenvolvimento.

Viver novas experiências: não se limite à estabilidade ou ao conhecido (conforto). Você está aqui para se desenvolver e viver! Pare de ter pena de si e de poupar a sua energia. Vá viver! Coloque-se em novos desafios, crie novos projetos, experimente coisas diferentes para atingir os seus sonhos... São as experiências que lhe dão cada vez mais clareza sobre quem você é e sobre quem não é. Um estudo mostrou que ratos de laboratório que recebem os mesmos estímulos diários não criam novas sinapses neurais, enquanto aqueles que são expostos a novas experiências apresentam uma mudança física no cérebro.[10] Imagine, então, o impacto de novas vivências em crianças e adultos. Só por viver o desconhecido nos abrimos para uma vida de milagres.

Dar frutos: transborde como ser humano. Todos temos características únicas que estão a serviço do Todo e da humanidade. Observe na natureza como cada um desempenha o seu papel para o equilíbrio da vida. Não se iluda com um único propósito ou missão: seja a melhor pessoa e o melhor ser humano que você pode ser no agora. Sirva aos outros e ao que acredita. Faça caridade, ajude os seus amigos, participe de causas, trabalhe com algo que resolva problemas... Mas use a sua vida para contribuir. Só dessa forma compreendemos que não somos seres separados uns dos outros.

ACEITANDO A REALIDADE

Com a vida moderna, o hiperestímulo da mente e o excesso de informação digital, estamos perdendo a capacidade de discernir o real do ilusório, o concreto da fantasia e a verdade da mentira. Esse estilo de vida gera inúmeros desafios para o nosso processo como indivíduos e como humanidade, tirando nosso foco do que realmente importa: a vida real, no aqui e agora.

Muitas pessoas sentem dificuldade de tomar decisões por si mesmas, mostram-se inseguras sobre qual caminho trilhar, têm medo de ser quem são de verdade por estarem desconectadas do mundo real e perdem, assim, pouco a pouco a capacidade de lidar com a vida.

---

10. TOLEDO, Karina. *Neuroplasticidade:* o cérebro em alta performance. Disponível em: https://www.brainn.org.br/neuroplasticidade-o-cerebro-em-alta-performance/. Acesso em: 7 jan. 2023.

Vivenciei essa desconexão da realidade diversas vezes e percebi o quanto isso me afastou da minha verdade, de Deus e da minha real missão aqui. Vou compartilhar algumas ações que distorcem a realidade e nos afastam de nós mesmos para que você compreenda se age de tal maneira ou não:

1. **Narrativas mentais:** a famosa "voz" da nossa mente. As narrativas que nos fazem perder a capacidade de analisar o real e nos concentrar unicamente na história que está sendo contada. Por exemplo, às vezes estamos bem e do nada aparece um pensamento do tipo "E se isso acabar em breve?", "Não sou merecedor desse trabalho e desse relacionamento" ou "Estão pensando coisas horríveis sobre mim, melhor eu não me manifestar", entre tantas outras distorções. Quando vivemos mais nessa história criada, nos identificando com pensamentos negativos, vieses do passado e rótulos mentais, nutrindo possibilidades ilusórias, entramos em uma paranoia que nos destrói pouco a pouco.
2. **Negacionismo:** quando negamos os fatos, embarcamos em conspirações e vivemos em uma realidade paralela à real. Muitas vezes, ao encarar uma realidade, vamos lidar com a frustração de perceber que tudo em que acreditávamos e que validávamos até então era mentira. É preciso muita humildade para reconhecer o que está acontecendo. "O que os olhos não veem o coração não sente" é uma crença popular que muitas vezes nos faz negar sinais e realidades escancarados.
3. **Poluição mental:** o excesso de sujeira com o qual nos acostumamos a conviver nos faz esquecer do que é ter uma visão clara e elevada da realidade. Há tantos véus diante dos nossos olhos e tantas camadas ilusórias na nossa mente que normalizamos o caos e a desordem. Essa poluição é causada pelo consumo excessivo de informações.

4. **Excesso de anestesias no dia a dia:** como já vimos, nos anestesiamos diariamente através do excesso de prazer (comida, sexo, drogas, álcool, internet, cigarro, remédios...) porque no fundo temos medo de sentir o desconforto da verdade. E, além de negarmos os fatos reais, anestesiamos as sensações incômodas que revelam o que está por baixo da superfície, tirando de nós a capacidade de evoluirmos por meio dos desafios e dos desconfortos da vida. Lembra que cada emoção é uma reação? E que, por mais desconfortável que ela seja, ela não é nossa inimiga, mas sim um mapa para nos libertarmos do que está causando tal desequilíbrio? Pois é, os "anestésicos da vida" nos afastam desse poder.
5. **Perda da referência:** vivemos atualmente em um momento de rebeldia que generaliza e relativiza tudo. São tantas opções que não sabemos mais o que é certo e errado, quais são os nossos valores, não temos clareza sobre os nossos objetivos e muito menos exemplos para nos guiarmos. E, quando não temos a verdade, o bem, o amor, a justiça ou o belo como referência, qualquer caminho serve. A manipulação da narrativa faz com que a gente aprove e normalize coisas que são destrutivas para a alma humana. Você consegue ver nitidamente uma inversão da realidade no seu dia a dia ao observar uma pessoa que não consome bebidas alcoólicas e que come de forma natural, por exemplo, sendo taxada de esquisita, paranoica ou alienada. Mesmo que ela seja a mais lúcida e consciente das suas relações.
6. **Excesso de aparências:** estamos tão acostumados a viver para fora, para os outros, e a sustentar uma imagem de quem deveríamos ser (ou parecer) que o "normal" assusta e incomoda. Estou falando de pessoas que escolhem comer de maneira saudável, que dizem *não* quando têm vontade, que reconhecem as próprias vitórias. São pessoas que praticam coisas conscientes, mas que são vistas como problemas. Vivemos personagens tão bem estruturados que

nos esquecemos de como realmente somos; além disso, julgamos quem é autêntico e verdadeiro perante o mundo.

Essas são as seis distorções mais presentes na humanidade hoje em dia. Se você se identificou com uma ou mais, traga essa questão para a superfície, sem medo ou julgamento. Veja como ela realmente é e entenda como se desenvolver.

Para evoluir por meio da realidade, recomendo que você reconheça e aceite as coisas como elas são antes de elas passarem pelo seu julgamento mental. As coisas são como são; quem coloca os rótulos somos nós. Por isso, pratique o reconhecimento do que a situação está te mostrando no agora. Aceite como ela é sem rótulos, e não como a sua mente gostaria que fosse.

Ao deparar-se com uma narrativa mental, pare, ative a sua consciência e se questione: "Isso é mesmo verdade?". Quantas vezes nem chegamos a sair do lugar porque pensamos, verbalizamos e *acreditamos* que nada dá certo na nossa vida? Será que nada mesmo? Nem o nosso almoço? Nem o ônibus que pegamos? Ou apenas criamos uma história e a repetimos como uma vitrola quebrada na nossa mente?

Se a sua mente fica sofrendo por coisas que já aconteceram ou que não têm solução, ela está fugindo da realidade. O que não tem solução solucionado está! Então, liberte o que é ilusório.

Mude de ideia sempre que necessário. Já vimos como o apego às nossas crenças é destrutivo para a nossa vida. Está tudo bem mudar de opinião ao longo da sua jornada aqui na Terra. Lembre-se de que vivemos em um vórtex de aprendizados e experiências, ou seja, sempre vamos estar em constante evolução e mudança, por isso ative a sua humildade e o desapego para mudar quando sentir que é a hora.

Recomendo que você faça limpeza e detox de informações com frequência. Lembra que eu fiz uma analogia entre a nossa mente e o sistema digestivo? Que ela precisa de respiro? Então, o excesso de estímulos digitais nos impede de viver a vida real, nos impondo sempre a sensação de vazio. Por isso, inicie sempre o seu dia sem celular ou qualquer tipo de eletrônico. Faça práticas matinais de meditação, conexão, leitura, escrita, oração, alongamento ou caminhada. Comece as suas manhãs com presença e conexão com o mundo real.

Além disso, lidar com pequenos desconfortos diários para se acostumar com tal sensação é fundamental para um ancoramento do mundo real. Vença a si mesmo diariamente. Inicie o seu dia lidando com algo que te tire da zona conhecida e se superando. Por exemplo, tomar um banho gelado, não apertar o botão de soneca ao acordar, fazer uma atividade física ou adotar qualquer outro hábito que faça você vencer a preguiça, seja uma preguiça física, mental ou espiritual. Quando aprendemos a lidar com pequenos incômodos, adquirimos sabedoria para lidar com os maiores, saindo assim da necessidade constante de sentir apenas conforto, segurança e prazer.

Outro hábito que vai te ajudar no despertar de si mesmo é praticar a contemplação diária. Faça suas atividades cotidianas sem julgá-las ou rotulá-las como "boas" ou "ruins, "feias" ou "bonitas". Contemple, observe e testemunhe de maneira neutra como as coisas são no aqui e agora. Por exemplo, tome um banho sentindo a temperatura da água e o cheiro do sabonete. Se a sua mente começar a pensar em outras coisas, volte a atenção para o momento presente, sentindo cada detalhe que está sendo apresentado para você. Ou se alimente prestando atenção nas cores, texturas, gostos e cheiros. Mastigue de olhos fechados, concentrado no que está experienciando. Você não deve estar em nenhum outro lugar senão no agora, e dessa forma vai estar cada vez mais atento à realidade.

… 6 …

Transbordando quem você é

PARE DE DESEJAR UMA VIDA POSITIVA

Agora que você já compreendeu a grandeza adormecida que habita em você, as distorções que te mantiveram em estado de inconsciência, os comportamentos que minaram o sentido da vida e o que precisa ser feito para que uma nova (e mais verdadeira) história seja escrita, vou trazer alguns conceitos finais que te ajudarão a manter a sua consciência acesa no dia a dia. Eles servirão como uma bússola sempre que você precisar relembrar o que importa.

Primeiro, quero que você saiba que desejar uma vida positiva é ilusão.

Você pode estar achando um pouco contraditório e contraintuitivo ler essa frase a esta altura do livro, mas acompanhe o meu raciocínio. Toda vez que você busca técnicas para viver, sentir e pensar apenas coisas positivas, está mentindo para si mesmo. Afinal, tudo no mundo manifestado que vivemos é dual; tudo tem polaridades.

Antes do meu despertar, eu era uma pessoa extremamente negativa, desagradável e tóxica, como já te contei. E, ao acessar ferramentas de autoconhecimento e de conhecimentos sobre espiritualidade, me deparei com diversas teorias sobre "pensar positivo", "imaginar só coisas boas" e "o negativo só existe na sua cabeça". Você já esteve ou está nesse lugar?

Sempre que aprendo algo na teoria, vejo na prática a maneira como aquilo se manifesta. Assim, fiz tudo o que você possa imaginar para ser uma pessoa "positiva". Listas diárias de gratidão, visualização de realidades incríveis, afirmações positivas ao acordar e antes de dormir, parei de verbalizar palavras ruins, tirei o foco de emoções densas...

E realmente muitas dessas atividades me transformaram e transmutaram estados densos dentro de mim. Essas atividades não são ruins – pelo contrário, muitas delas podem mudar a sua perspectiva de mundo e consequentemente a sua vida. O problema habita em negar a realidade, em fingir que só existe um polo de algo que é dual e começar a nutrir a positividade tóxica.

A positividade tóxica acontece quando fugimos, negamos ou diminuímos um acontecimento ou sentimento ruim. Nós nos tornamos pessoas insensíveis, egoístas e sem compaixão que, ao ouvir sobre qualquer tipo de dor de uma outra pessoa, dizemos coisas como "sorria, você só tem motivos para agradecer". Negar um sentimento ruim pode criar o efeito contrário da cura: um efeito de acúmulo e somatização emocional.

O positivo não é algo separado do negativo; ambos são opostos da mesma coisa. Vou usar um exemplo de que gosto muito: a temperatura, por exemplo, tem dois extremos, quente e frio. Concorda comigo que não existe um ponto determinante em que a temperatura se torna fria ou quente? São realidades relativas, porque o que é frio para alguém friorento não será para alguém que sente muito calor.

Ou pensemos no dia e na noite: não existe *o ponto* que os define, mas graus de diferença entre duas polaridades *complementares*. O mesmo acontece com o positivo e o negativo: uma pilha não tem como funcionar só com um dos polos, pois ambos coexistem. Aliás, um só existe por causa do outro.

Querer vivenciar e sentir somente coisas positivas é insanidade! É mais uma fuga da realidade para nos mantermos estagnados na zona conhecida. Quando estamos passando por momentos felizes e agradáveis, queremos que eles sejam eternos; quando passamos por desafios, desejamos que eles vão embora rápido. Mas não é assim que funciona.

Desejar algo positivo é igual a desejar o negativo, pois, assim como uma moeda tem os lados cara e coroa, o mesmo acontece com a vida. Ainda que ela sempre vire do lado "coroa", continuará tendo o seu oposto.

É viver fora da realidade querer se sentir feliz perante o diagnóstico de uma doença, ao perder um ente querido, ao tomar um pé na bunda ou ao ser demitido do trabalho. Coisas desafiadoras continuarão acontecendo ao longo da sua evolução; a diferença é que a pessoa que você se tornará vai lidar com essas situações de maneira diferente.

A única coisa estável da nossa realidade é o movimento. Ou seja, a pessoa que está aqui e agora lendo este parágrafo já não será a mesma daqui a cinco minutos. E viver com o apego e a ilusão de só vivenciar o positivo, além da frustração, não permite que você se desenvolva perante os desafios.

Por isso, treinar a mente neutra através da contemplação e viver a realidade com totalidade e presença são o caminho para uma vida consciente e lúcida.

A forma como você lida com o presente é a forma como lida com a vida. O passado só existe na memória, e o futuro, na imaginação – ou seja, só existem na mente, mas a verdade só habita no *agora* – *na nossa consciência*.

Então, pare de querer se enganar e viva o que está acontecendo com excelência. Não é para você pensar que não vai fazer nada para mudar situações ruins. Viver com presença e contemplação não tem a ver com ser passivo ou um negacionista frio e apático, mas com ser consciente de que aquela realidade é passageira, coerente ao agir de acordo com os seus valores e virtudes e íntegro para honrar o presente da vida através da *vivência*.

Ativar esse estado de verdade envolve resgatar o eterno aprendiz que já mencionei antes, em que você se torna observador e testemunha da vida em vez de um crítico controlador. Você liberta a ilusão de que pode controlar todas as circunstâncias e direciona o foco para perceber e se desenvolver através da realidade.

Integrar as nossas sombras, dores e negatividades é a base para que despertemos a nossa luz. A neutralidade é o que nos mantém no caminho do meio, equilibrados e alinhados com a verdade e além de toda a oscilação de coisas boas e ruins. Só aquele que atingiu o inferno é capaz de acessar os céus.

A MORTE COMO SENTIDO PARA A VIDA

Comentei diversas vezes ao longo deste livro sobre o fato de a estabilidade e a zona de conforto serem uma ilusão. Agora, gostaria de lembrar que, para que você viva uma realidade com mais significado, é preciso pensar na morte.

Muitos temem a morte e evitam falar dela, sendo que é a única garantia que temos. Essa é a única certeza. No entanto, por ser algo que está fora do nosso controle e que envolve entrega absoluta ao mistério da vida, naturalmente é um assunto que deixa o nosso ego desconfortável.

Já parou para pensar que tememos morrer, mas não tememos o fato de nunca termos vivido?

Ao mesmo tempo que morrer está fora do nosso controle, viver de verdade é uma escolha contínua, ou seja, você pode se lembrar de que a vida é finita para levá-la ao seu maior potencial.

Estamos todos morrendo, não só na carne, mas em processos, estados e fases. O nascimento, o crescimento, o declínio e a morte são fases presentes em todos os processos da natureza. A cada momento em que nos conhecemos mais e despertamos quem somos, deixamos uma parte do nosso ego morrer. É por isso que ressignificar essa energia é tão importante no autoconhecimento.

Se eu tenho apego às minhas versões e aos meus estados atuais, não os deixando morrer, nunca vou criar espaço para que nasça uma versão nova e mais consciente.

Negar a morte é o mesmo que negar a inteligência que criou todas as coisas, o que muitos chamam de Deus. A inteligência que "tira a vida" é a mesma que nos presenteia com ela. Assim, da mesma forma que celebramos o milagre do nascimento, devemos honrar e respeitar o seu ciclo oposto: a morte.

Não aceitar que esse é um dos processos naturais da nossa realidade nos torna pessoas com dificuldade para encerrar ciclos e para compreender e admitir a transitoriedade da vida.

Não tem como o novo nascer sem a morte como antecedente. Para que uma nova flor floresça, um novo dia amanheça e um novo você nasça, é preciso que algo que cumpriu a sua missão deixe de existir.

Independentemente da sua crença espiritual, lembre-se de que a morte não é o oposto da vida, mas do nascimento. O nascimento e a morte são opostos complementares, enquanto a Vida é eterna.

O que permeia os ciclos que vivemos é a maneira como os experienciamos.

O exemplo de ser humano que você deixa no coração das outras pessoas é o que faz a vida ser eterna, por isso não tema morrer, mas sim nunca ter vivido a sua verdade.

Viver cada dia com presença, intenção e totalidade, como se realmente fosse o último (talvez seja), nos faz valorizar as coisas importantes e descartar as supérfluas.

Se você resumisse a sua vida a um único dia, e à noite, antes de dormir, revisasse quem foi ao longo desse dia inteiro, estaria orgulhoso, alegre e satisfeito com o que fez? Ou teria vergonha, arrependimento e tristeza?

Esse é um exercício poderosíssimo que nos ajuda a valorizar o agora e a nos lembrarmos do que realmente precisa da nossa energia. Ele nos conscientiza das verdadeiras prioridades da vida e dos aspectos que devemos desenvolver.

Quer você acredite que esta existência é única e que não existe campo espiritual, ou que existe um paraíso e que todos passaremos por um julgamento final, ou até mesmo se você acreditar em carma, por achar que colhemos o que plantamos, percebe que sempre vale a pena valorizar a vida?

Se você for colher consequências dessa existência, é bom viver de verdade.

Se a vida for só isso e acabar aqui, é bom viver de verdade.

Se existir um juízo final, é bom viver de verdade.

Não importa no que você acredite, sempre valerá a pena usar a morte como um lembrete para sermos bons seres humanos e para respeitarmos o presente de estarmos vivos.

Lembre-se de que a vida é escassa, limitada e um milagre constante. Muitas pessoas só a valorizam depois que recebem o diagnóstico de uma doença, perdem alguém de forma inesperada ou passam por um susto que as lembra de que a morte é real.

Eu era uma dessas pessoas. Vivia negando a morte até ter síndrome do pânico e ter a *certeza* de que estava morrendo. A sensação de que aquele era o fim era tão clara que eu quase conseguia tocá-la. Pela primeira vez pensei verdadeiramente sobre o que eu estava fazendo neste mundo:

- Se eu dedicava tempo e energia para a minha família, que é a primeira coisa que me vem à cabeça quando penso sobre a morte.
- Se eu era verdadeira e autêntica ou se não passava de um personagem construído para agradar os outros.
- Se eu honrava o presente de estar viva me desenvolvendo e servindo outras pessoas.

Dançar com a morte me despertou! E eu não desejo que você sinta o que eu senti para fazer reflexões tão importantes. Você pode hoje, através da sua consciência, olhar para a realidade, lembrar que ela é finita, que a última coisa que você disse para quem ama antes de sair de casa pode ter sido a última e que não existe outro momento para viver sua vida senão o agora.

Toda manhã, o ato de abrir os olhos é um renascimento.

Trazer um olhar atento para essa energia não tem a ver com se sentir bem ao ver alguém partir. A dor, a tristeza, a raiva e os questionamentos perante a morte são normais e necessários! O que precisamos para quebrar o piloto automático e viver de forma intencional é nos lembrarmos de que, apesar de não sermos eternos, o que fazemos ecoa pela eternidade.

> **O medo da morte revela o medo de nunca termos *vivido* de verdade.**

OS SEUS DESAFIOS SÃO DO TAMANHO DA SUA ALMA

Talvez você esteja olhando para a sua vida agora e se sentindo grato por perceber o milagre que é ser você. Ou talvez esteja "P" da vida comigo, porque descobriu que tem diversas coisas para arrumar na sua realidade que até então estavam ocultas. Ou pode estar empolgado para praticar cada insight que teve com a leitura. Mas também pode estar questionando se vai ser capaz de lidar com tantos desafios.

Quando olhamos para nossas dores, nossas crises e nossos medos, naturalmente eles aparentam ser muito maiores e invencíveis do que quando vistos de fora. Isso acontece porque desconhecemos o nosso verdadeiro poder, nos sentimos injustiçados e acreditamos que os nossos desafios são meros castigos.

Não sei você, mas questionamentos como estes me atormentaram por muito tempo:

"*Por que pessoas boas sofrem?*"

"*Por que crianças adoecem?*"

"Por que uns nascem na miséria e outros na riqueza?"

Além de me perturbar, essas perguntas me afastaram diversas vezes de Deus. Como poderiam existir uma justiça Divina e uma Inteligência Universal se essas coisas continuavam acontecendo?

Não tenho a presunção de dar uma resposta final, mas quero compartilhar com você uma reflexão que me trouxe paz a respeito desses assuntos (o que não significa ignorá-los ou deixar de resolvê-los).

Talvez o sentido da vida não seja sobre termos acesso à verdade absoluta de uma única vez. Provavelmente nem temos capacidade para lidar com ela. Talvez o real sentido da vida seja fazermos o que é *certo*, independentemente do que nos aconteça.

Mesmo sem entender por que coisas ruins acontecem com pessoas boas, é nesse momento que nasce o espaço para construirmos a nossa fé. Se não tivéssemos que lidar com o desconforto de tais injustiças, talvez nunca soubéssemos o que é confiar no invisível de verdade. Se não tivéssemos que lidar com a traição de alguém que amamos, talvez nunca soubéssemos o que é perdoar de verdade. Se não tivéssemos que lidar com o medo de fazer algo pela primeira vez, talvez nunca soubéssemos o que é sentir coragem de verdade.

⚜

Então, em vez de questionar "por que coisas ruins acontecem comigo?", comece a questionar "o que a minha alma pode aprender e como pode crescer nesse processo?".

Percebe a potência dessa nova perspectiva?

Por mais que você se sinta injustiçado e não encontre a resposta final ou o motivo de as coisas acontecerem com você, decida começar a olhar para elas como uma oportunidade. Ninguém recebe desafios maiores do que é capaz de superar, então resgate o seu poder adormecido, honre quem você verdadeiramente é e faça germinar a semente do sucesso a cada fracasso.

O PODER DA COERÊNCIA

É importante que você entenda que este livro sintetiza algumas teorias e filosofias de vida, mas, se depois de finalizá-lo você não praticar o que é necessário, nada vai mudar. E, quando eu falo sobre ação, também me refiro à coerência entre as suas ações e os seus desejos.

Com frequência meus alunos me perguntam sobre formas de se blindarem energeticamente ou sobre como manifestar uma nova realidade alinhada com a verdade, ou ainda sobre como aumentar o seu poder pessoal... E a resposta para essas perguntas e para quase tudo na vida é: integridade entre todos os seus campos.

Quando digo integridade, me refiro ao alinhamento coerente entre os campos mental, emocional, espiritual e físico. Pare de se ver como uma pizza fatiada e comece a viver a sua realidade como um único organismo.

Todos esses campos coexistem e estão interligados. Por isso, quando você vive de forma fragmentada e incoerente, se sente desconectado de si mesmo. Agora, quando pensa, sente, fala e age com a mesma intenção e direção, você se mantém íntegro moralmente e energeticamente. Isso traz bem-estar e preenchimento.

Os três campos de coerência:

- **Campo físico e material:** envolve o seu corpo, os alimentos que você ingere, o modo como cuida da aparência, a atividade física, a forma como se veste, os lugares que frequenta, as coisas que possui, o dinheiro que ganha, a organização e a limpeza dos espaços.

- **Campo mental e emocional:** envolve os seus pensamentos, as suas emoções, os seus sentimentos, a quantidade de informação que consome, as ideias que expressa e verbaliza, o fato de imaginar e sonhar.
- **Campo espiritual e energético:** envolve a conexão com o invisível, a interação com a natureza, servir o próximo, a sua conduta perante os desafios, o senso de gratidão, a ativação das virtudes, a prática da moral e da ética.

Todos esses campos são compostos por energia, afinal energia é tudo o que existe. Inclusive a matéria – energia condensada – é composta por átomos que também vibram e estão em movimento, como vimos no começo do livro.

Mas é importante que você se lembre constantemente disso e compreenda que toda energia se movimenta através de ondas. Em que a frequência é a velocidade da onda, e a vibração, a qualidade que ela carrega. Desde a energia mais elevada à mais densa, existem milhares de graus de frequência. É isso que diferencia todas as coisas entre o plano material, o mental e o espiritual.

O plano físico é o mais denso de todos os níveis. Nele, a onda se comporta de forma tão lenta que aparenta estar parada. Já nos planos mais sutis, onde existe o plano mental, invisível a olho nu, os pensamentos existem, mas não podemos vê-los ou tocá-los por estarem em outra escala vibracional. E, acima da mente, existe o plano espiritual, onde a frequência da onda é tão elevada e se movimenta de forma tão acelerada que também parece estar parada.

Se tudo vibra e nada está parado, quando estagnamos em algo, o Universo encontra utilidade e movimento para tal situação. Assim também funciona com o dinheiro, por exemplo. As pessoas que guardam tudo com medo de não terem mais – não doam, não gastam de maneira alguma e vivem com a mentalidade escassa – acabam recebendo desafios e imprevistos para terem que usufruir e movimentar tal dinheiro. O mesmo acontece com a água parada, que atrai mosquitos. A casa abandonada, que atrai mofo. O corpo parado, que atrai doenças...

Lembra que vimos lá no início que, quando não escolhemos os nossos desafios, são eles que nos escolhem?

Todo dia canalizamos uma quantidade de energia que temos para gastar. Se pegamos essa energia e a utilizamos de maneira incoerente com o que acreditamos, vamos sentindo desconforto, bloqueios, angústia... ou seja, vamos nos afastando cada vez mais de quem realmente somos.

Vimos também que os desafios são movimentos do Universo para irmos na direção certa. Assim como eu, você tem um lugar na obra Divina e será convidado para se movimentar até que retorne para esse lugar. Por isso, o nosso objetivo não deve ser a perfeição entre todos esses campos, mas a busca diária por coerência e alinhamento entre eles.

Nossos pensamentos, sentimentos e ações definem a nossa frequência, e aquilo que vibramos com constância é o que atraímos e manifestamos.

Ao nos elevarmos e vivermos de forma alinhada, nos mantemos blindados contra interferências externas. No Universo, semelhante atrai semelhante, então aquilo que te atinge só tem acesso a você porque ressoa de alguma forma com a sua energia. E mais uma vez voltamos para a ativação da autorresponsabilidade: não devemos nos culpar pela nossa realidade, mas sim usá-la como guia para o nosso mundo interno.

Se pensamos uma coisa, sentimos outra e agimos de outra forma, fragmentamos o nosso campo e nos vulnerabilizamos, abrindo espaço para sermos manipulados e atacados energeticamente. Então comece agora mesmo, tornando-se observador dos seus resultados, de como estão as áreas da sua vida e também do nível de coerência dos seus três campos.

COMO ELEVAR A NOSSA FREQUÊNCIA

- **Vontade:** é onde tudo começa. Ninguém pode fazer isso por nós. Todo mundo quer colher elevação, mas nem todos estão dispostos a plantar. A vontade é a força que habita em nós, capaz de superar qualquer resistência.
- **Atenção:** precisamos aprender a focar naquilo que queremos e não no que *não* queremos. Tudo que é alvo do nosso foco cresce. É importante redirecionar nossa presença, atenção e foco.
- **Ação coerente:** quando fazemos muita coisa ao mesmo tempo, nos fragmentamos. A potência que direcionamos em ações coerentes e em praticar o que sabemos na teoria voltará na mesma proporção para nós.
- **Fazer mais daquilo que te eleva:** em vez de se esforçar para remover o que drena sua energia, adicione hábitos elevados à sua rotina logo ao acordar. Como consequência, as ações que te drenam perderão o sentido com o tempo.
- **Ter um porquê:** ao decidirmos uma meta de longo prazo, direcionamos aquelas de curto prazo com mais clareza. Ser decidido poupa energia e aumenta a sua resiliência perante adversidades.

Muitos falam sobre equilíbrio e sobre o caminho do meio como se, para atingirmos tal realidade, tivéssemos que ser 50% coisas boas e 50% coisas ruins – ou seja, tudo bem eu xingar as pessoas, me embebedar todo fim de semana e sonegar alguns impostos na primeira parte do dia se no restante eu meditar, orar e tiver uma alimentação vegana.

Não é assim que funciona. Equilíbrio é consequência, reação e colheita de ações elevadas.

Experimente comer 50% saudável e 50% junk food: você vai adoecer.

Experimente ser 50% fiel e 50% infiel no seu relacionamento: ele vai acabar.

Experimente trabalhar 50% dos dias e faltar nos outros 50%: você não vai ter sucesso.

É por isso que você deve buscar ser o mais elevado que puder todos os dias, lembrando que 100% não é sempre igual. Hoje o seu maior potencial é um, amanhã será outro, pois você é um *ser* humano que passa por oscilações. A partir do momento em que os seus pensamentos, sentimentos e ações forem pelo menos 80% elevados, pode apostar que você vai colher uma nova realidade na sua vida.

Fique atento aos pensamentos, sentimentos e atitudes que drenam e elevam a sua realidade. Em alguns momentos vamos viver e sentir coisas baixas, mas o importante é ver o que você cultiva de forma inconsciente e as ações que já pode melhorar a partir de hoje.

Marque a seguir todos os hábitos que estão constantemente presentes na sua vida (sendo bem honesto consigo mesmo), e em seguida some todas as ações para ver qual coluna você tem cultivado mais:

O QUE DRENA A SUA ENERGIA VITAL	FAÇA UM X	O QUE ELEVA VOCÊ	FAÇA UM X
Reclamar constantemente		Agradecer constantemente	
Fofocar sobre a vida alheia		Ajudar o próximo	
Ver-se sempre como vítima do meio		Ser autorresponsável	
Focar no problema		Focar na solução das situações	
Querer controlar tudo		Desenvolver-se constantemente	
Pensar só no futuro ou no passado		Estar em contato com a natureza	
Interpretar um personagem		Tomar sol	
Agradar os outros		Cultivar a presença	
Cultivar vícios		Respirar de forma consciente	
Ouvir músicas sexualizadas		Planejar-se de forma consciente	
Consumir industrializados		Agir de modo intencional	
Ingerir bebida alcoólica		Ler conteúdos elevados	

O QUE DRENA A SUA ENERGIA VITAL	FAÇA UM X	O QUE ELEVA VOCÊ	FAÇA UM X
Usar drogas		Orar e se conectar com Deus	
Frequentar locais densos		Conviver com pessoas que ama e abraçá-las	
Conviver com más companhias		Elogiar o outro e reconhecer o que há de bom nele	
Cultivar a bagunça e a sujeira		Cultivar a disciplina	
Usar eletrônicos constantemente		Falar para construir	
Sentir apego por coisas e pessoas		Consumir alimentos naturais	
Manter a inércia e a preguiça		Beber água	
Ficar distraído		Viver novas experiências	
Mentir de forma consciente		Estar sempre em movimento	
Assistir a conteúdos com violência		Viver de modo organizado	
Consumir pornografia		Ouvir músicas e sons sagrados	

O QUE DRENA A SUA ENERGIA VITAL	FAÇA UM X	O QUE ELEVA VOCÊ	FAÇA UM X
Preocupar-se sem necessidade		Visualizar e afirmar coisas boas	
Sentir sempre medo, raiva ou tristeza		Ter um sono de qualidade	
Julgar o outro de maneira rasa		Falar a verdade com respeito	
Comparar-se desproporcionalmente		Perdoar facilmente	
Duvidar de si e das suas escolhas		Ter clareza quanto às suas metas	
Falar palavras baixas e xingamentos		Honrar o seu propósito	
Dormir tarde		Sentir amor, confiança e alegria	
Total de marcações nesta coluna		*Total de marcações nesta coluna*	

DICA: o termômetro para saber se algo fora dessa lista drena ou eleva você é observar como se sente depois de fazê-lo.

Não podemos plantar maçã e colher banana. Então, se você se sente desconectado de si mesmo, observe quais práticas elevadas pode adicionar ao seu dia a dia e, se possível, quais práticas densas pode evitar. O cultivo dessas práticas gera sementes que você planta pela vida e que, em algum momento, irão florescer – assim é a Lei de Causa e Efeito.

Para mudar o seu jardim (realidade externa) será necessário plantar novas escolhas e atitudes (realidade interna).

> Quanto mais você faz uma coisa,
> mais ela faz você.

VIVENDO PELO CORAÇÃO
PARA CUMPRIR A SUA MISSÃO

Na condição de seres humanos, vivemos uma vida dual. Dessa forma aprendemos e evoluímos por meio do contraste. É por meio da doença que sabemos o que é a saúde; é pelo medo que sabemos o que é coragem; é pelo ódio que sabemos o que é o amor; é pelo frio que sabemos o que é o calor, e por aí vai.

Do mesmo modo que você já compreendeu que desejar ser positivo o tempo todo ou vibrar em uma única polaridade é ilusão, chegou o momento de refletir sobre o que transcende a dualidade e deve ser uma referência para a humanidade.

A dualidade se manifesta nos gêneros masculino e feminino, nos lados direito e esquerdo do cérebro, no consciente e no inconsciente, no inspirar e no expirar. Mas existe um único lugar em que a unidade prevalece no nosso ser: o coração.

Nele, o eterno, o imutável e o uno se manifestam.

Sincronicamente, quando um feto é gerado, a primeira parte do corpo a ser formada é o coração.[11] É através dele que você e Deus se

---

11. CHACCUR, Paulo. *Você sabia que o coração é o primeiro órgão que se forma no corpo humano?* Disponível em: https://www.uol.com.br/vivabem/colunas/paulo-chaccur/2019/02/17/voce-sabia-que-o-coracao-e-o-primeiro-orgao-que-se-forma-no-corpo-humano.htm?cmpid=copiaecola. Acesso em: 9 jan. 2023.

encontram. Por isso, viver através desse campo é abrir mão do egoísmo, das vontades pessoais que nos fazem oscilar entre as polaridades da vida, e assumir o chamado para ser um instrumento do Alto.

Honrar a sua verdade não tem a ver com criar sonhos aleatórios e fazer o que der na telha, mas com estar atento ao seu propósito de alma.

Uma cafeteira não deve lavar louça, uma tartaruga não deve subir uma árvore e uma planta não deve sair para caçar. São afirmações tão óbvias que parecem absurdas, mas o mesmo se dá em relação ao nosso dever como seres humanos.

Esquecemos a nossa missão e função, nos desconectando de nós mesmos e experimentando uma sensação de farsa constante. Ao resgatar a sua missão e viver pelo coração, você vai ser capaz de curar toda a angústia e o vazio pela raiz, pois será quem Deus te criou para ser: uma pessoa desperta e consciente.

Mesmo que a nossa origem natural seja animal e que tenhamos dentro de nós instintos e reações desse reino, o nosso destino é espiritual. Por isso a missão de todos nós se resume a vencer as pequenas tentações, distrações e mentiras da mente para transbordar a verdade do Divino na Terra. Esse deve ser o ponto de referência que define se estamos ou não na direção certa.

Muitos caem na ilusão de que viver com propósito é ter uma carreira que os faça felizes o tempo todo. Mas, como vimos já no começo deste livro, se o propósito fosse unicamente o trabalho, todas as crianças, donas de casa, aposentados e pessoas em situação de rua não teriam serventia (o que é uma mentira).

Na verdade, a nossa missão é simplesmente *sermos* bons seres humanos. Parar de parecer, ter ou fazer e começar a nos concentrar em viver uma realidade cujo objetivo é sermos o melhor tipo de pessoa possível. É parar de nos distrairmos com a ilusão, acordar do piloto automático e começar a colocar energia no que nos cabe.

Talvez você esteja se perguntando se bom e ruim também não são relativos, já que o que é bom para você talvez não seja para mim. A resposta é: sim para o campo individual, mas não para o espiritual.

Foi por esse motivo que tivemos um dos maiores mestres da humanidade pela Terra: Jesus Cristo. Deus não se manifestou como um anjo, um animal ou uma luz colorida, Ele se apresentou como um ser humano virtuoso e como um modelo a ser seguido.

Diversas imagens de Cristo o mostram com uma mão apontada para o peito e outra para os céus. Para mim esse simbolismo revela, mais uma vez, que o único caminho para o paraíso e o Reino dos Céus é através do coração. E não qualquer coração, mas um coração verdadeiro, justo e bondoso como o Dele.

Independentemente de qualquer crença religiosa, já parou para refletir que céu e inferno podem ser estados de espírito muito antes de serem lugares físicos?

E se o seu nível de consciência, da frequência em que você vibra (pensa, sente, fala e faz) e do que carrega no coração for o que define se você vive o paraíso na Terra ou não?

E se o mal estiver em todas as tentações e o bem em todas as virtudes?

E se a nossa salvação não depender de algo externo, mas sim da nossa própria vontade, responsabilidade, ação e evolução?

E se a nossa missão for tão simples que passa despercebida para o ego?

E se quem faz as perguntas for a mente, mas o único que dá respostas verdadeiras for o coração?

▼

Reflita e medite sobre esses questionamentos. Assumindo o seu papel como ser humano – amando, servindo e crescendo com integridade –, você será capaz de transbordar essa essência em todos os outros estados, seja na sua profissão, no papel familiar ou em qualquer função transitória.

O seu propósito de vida *agora* é simplesmente ler este livro com presença e totalidade. Talvez depois seja fazer um sanduíche, ler uma história para o seu filho, entregar um relatório do trabalho, regar as plantas... Então, pare de buscar em outras realidades o seu verdadeiro dever, pois ele está aqui e agora na sua frente.

Para transcendermos o que é transitório, devemos ter como ponto de referência o que é absoluto.

O *presente* é absoluto, pois é nele que acessamos o que é real. Enquanto o passado já aconteceu e o futuro um dia acontecerá, só o aqui e o agora são reais. Por isso, quanto mais presente você estiver nas suas atividades cotidianas, mais se conectará com o Absoluto e mais consciente viverá.

A *verdade* é absoluta; além da perspectiva relativa do que é uma verdade para mim e para você, existe ainda, sim, o campo absoluto. Por exemplo: para mim o sol nasce às seis da manhã. Essa é uma verdade relativa, pois sou capaz de testemunhar e comprovar tal acontecimento enquanto uma pessoa que mora na Austrália vê o sol se pondo na mesma hora. Saindo do relativismo, lembramos que o sol nem nasce nem se põe: ele sempre está lá. É de onde estamos que temos tal visão. Então, busque encontrar a Verdade substancial além das suas crenças, perspectivas e narrativas pessoais.

A *beleza* é absoluta, e aqui não estou falando de gosto ou de estereótipos, mas da beleza universal. Quando uma pessoa é considerada bela para a maioria das outras, ela tem harmonia. Os traços transbordam uma harmonia geométrica, que causa bem-estar no nosso cérebro. Quando vemos um ambiente todo sujo e bagunçado, por exemplo, não nos sentimos bem, pois o cérebro não consegue encontrar ordem. Então, quando nos conectamos com atos belos, transbordamos.

A aparência é 1% da verdadeira Beleza de Deus. Fique atento a criações incontestavelmente belas, como o voo de um beija-flor, o olhar de um bebê ou o mar sereno no amanhecer. Nutra a beleza através da organização, da limpeza e do cuidado consigo e com os ambientes que frequenta.

A *justiça* é absoluta – por mais que a justiça humana seja falha, a Divina é perfeita. Nela acessamos a Lei de Ação e Reação, de plantação e colheita. Por isso não devemos nos culpar e gastar energia pensando em onde erramos para colher certas realidades mais densas. Devemos aceitar o que não podemos mudar e acreditar que tudo está a serviço do bem maior, independentemente da nossa limitada compreensão do mistério da vida. Ter o olhar de fé de que tudo o que nos chega é exatamente do que precisamos para crescer e evoluir espiritualmente nos tira do campo da justiça relativa e nos coloca no da justiça Universal.

O *amor* é absoluto – não o confunda com a paixão adolescente. O Amor Divino é incondicional, ou seja, independe de qualquer condição. Nem o amor de uma mãe é tão potente como o de Deus. Somos capazes de acessar esse campo de unidade quando deixamos os nossos sentimentos de lado e escolhemos agir através do amor, sendo bondosos, pacientes e tendo muita compaixão até mesmo pelas pessoas com quem menos nos conectamos.

Quando temos essas virtudes como ponto de referência, toda a nossa visão se transforma. Um holofote se direciona para o mal – a preguiça e o medo que nos habitam diminuem de importância.

Calma, não precisa se desesperar para atingir todas essas metas. Afinal, as metas não foram feitas só para serem alcançadas, e sim para iluminar caminhos. Uma meta é o que dita o seu grande norte, e a partir dela você consegue fragmentar na sua realidade atual escolhas que te aproximam ou te afastam disso.

Através do propósito humano de amar, servir e se desenvolver, você se torna um canal para que Deus se manifeste e permite que o despertar de quem você realmente é, no fim, seja o despertar de Deus em você.

> "É através do despertar da *sua verdade* que Deus se manifesta, por isso não deixe que os medos da sua mente sejam maiores que a fé do seu coração."

A sua missão a partir deste livro

Eu poderia pensar em diversas maneiras filosóficas de concluir este livro. Mas o que eu realmente desejo é que você pratique o que dessa leitura mais tiver tocado o seu coração. Revise as suas marcações, medite sobre os temas profundos, converse e compartilhe suas próprias ideias a partir do que tiver aprendido aqui. E, então, testemunhe o milagre a partir da sua própria transformação.

Com base nesse relembrar, recomendo que você:

- Explique para uma pessoa esse conteúdo usando as suas palavras.
- Escreva intuitivamente sobre o tema, associando-o com experiências que você vive.
- Observe ao seu redor esses ensinamentos na prática.
- Mude a sua conduta de forma intencional e se eleve como pessoa.
- Seja o exemplo e ilumine outros caminhos através da sua coragem.

Posso contar com você? Consulte os insights a seguir sempre que sentir a sua consciência adormecendo novamente:

1. Deus te deu uma vida para ser *vivida*. Você vai evoluir unicamente pela experiência, não adianta se apegar só à teoria! Pare de se poupar como se fosse um vaso de porcelana e vá viver! Errar, acertar, aprender, melhorar...

2. Junto com o poder de escolha, Deus deu a você o poder da responsabilidade. Você é livre para escolher qualquer coisa, mas lembre-se de assumir a responsabilidade pelas consequências dos seus atos.

3. Agradecer eleva a sua energia vital: pare de reclamar, principalmente pelas coisas que um dia você pediu. Seja grato pelos presentes e pelos desafios que te permitem ser alguém melhor.

4. Os seus desafios são do tamanho ao qual a sua alma pode crescer. Não são castigos, e sim oportunidades para você amadurecer espiritualmente.

5. Preste atenção às suas palavras. O que falamos tem poder e reverbera pela eternidade. Se o que você diz não for edificante, escolha o silêncio.

6. Você não controla todos os seus pensamentos, mas decide até quando eles controlam você por meio da consciência, da vontade e da mudança de foco.

7. Ter equilíbrio não é fazer 50% de cada extremo, mas pensar na consequência de atos elevados no dia a dia. O seu 100% não é sempre

igual, mas você sempre pode dar o seu melhor – estando presente e intencional no que faz.

8. Tudo que recebe foco, ganha vida e expande. Dar atenção é dar vida! Pare de direcionar a sua energia para coisas pequenas e que estão fora do seu controle. Escolha direcionar o seu poder para o bem.

9. A realidade é o que é; quem dá o tom somos nós. É por meio da nossa perspectiva e narrativa mental que experienciamos o céu ou o inferno na Terra.

10. A morte não é o oposto da vida, mas sim do nascimento. A vida é eterna, e você a honra toda vez que segue a verdade do seu coração.

11. Se você não escolher os seus desafios, são eles que vão escolher você. Ou vamos lidar com o trabalho de nos desenvolvermos ou com o de nos mantermos insatisfeitos no mesmo lugar.

12. A zona de conforto não é confortável, e sim conhecida. Para sair dela você vai precisar de coragem e vontade! Por mais difícil que seja esse movimento, ele sempre vale a pena.

13. Temos medo de morrer, mas nunca de não termos vivido. Saia do automático e comece agora a viver de modo intencional.

14. Aceite a realidade. Pare de mentir para si mesmo e de sobreviver no campo das narrativas mentais. Ultrapasse as histórias e permita-se enxergar a Verdade.

15. Desejar ser uma pessoa unicamente positiva é ilusão. Estamos aqui para aprender com o contraste da dualidade e ativar a neutralidade através da contemplação.

16. Ser um agradador do ego alheio e do que o mundo espera de você é o que mais drena a sua energia vital. Pare de viver um personagem e comece a viver a sua verdade.

17. Você não é a sua ansiedade, a sua profissão ou o seu estado civil. Você *está* assim. E a hiperidentificação com o transitório vai desconectá-lo do que é absoluto.

18. Ser coerente com o que você pensa, sente, fala e faz é a forma mais elevada de se manter íntegro em vez de fragmentado. É o que mais te protege de influências externas também.

19. Honrar a sua palavra e os seus compromissos pessoais é a melhor maneira de se amar, resgatar a autoconfiança e se sentir bem consigo mesmo. Ninguém gosta de viver com um mentiroso.

20. Sentir-se perdido não é um problema, mas um sintoma que ilumina o que precisa de cura. Você está sendo convidado a despertar; não durma de novo.

21. Somos muito mais capazes do que imaginamos, mas muitas vezes é o seu combustível que está errado. Encontre o verdadeiro porquê para fazer o que precisa ser feito, independentemente do seu nível de empolgação.

22. Como seres humanos, temos a função de sermos *humanos*. De amar, servir e nos desenvolvermos em direção ao absoluto. Honre esse presente.

23. O hiperestímulo mental te afasta do mundo real. Volte para a presença no aqui e agora e cultive momentos de ócio.

24. A estabilidade é uma ilusão. Nada está parado, tudo se movimenta no Universo. Por isso, escolher sempre a inércia e a preguiça faz você se sentir desconectado de quem realmente é.

25. Tenha humildade para desaprender. Sem a humildade de eternos aprendizes, nos cegamos em soberba. Abra espaço para novos conhecimentos, aprendizados e experiências.

26. Honre o seu pai e a sua mãe. Saber perdoá-los e ser grato pela vida que eles lhe deram é a chave para todas as curas emocionais.

27. É através dos seus sonhos que Deus se manifesta e se faz presente. Honre isso com uma conduta amorosa, justa e bondosa.

28. A sua história é única, e nela mora o seu poder. Somos diferentes por um único motivo: podemos nos curar e usar a nossa luz para iluminar outros caminhos.

29. Você tem muito mais medo da sua luz do que da sua sombra. Pare de se sabotar e de temer viver o seu chamado de alma, pois só nele você encontrará a verdadeira liberdade.

30. Pare de pedir sinais sendo que você só quer confirmações do que já sabe. Você precisa agir para ter clareza em vez de ter garantias antes do movimento.

31. Deus escreve certo por linhas certas; quem lê torto somos nós. Tudo o que chega até você é aquilo de que você precisa para se desenvolver. Mesmo que não seja o que o seu ego deseja experienciar no momento, confie.

32. Agradeça pelos seus problemas. Ou eles não têm solução e solucionados estão ou são uma porta para que você desenvolva algo que a zona conhecida nunca permitiria.

33. O que tira o seu chão também é o que te lembra de que você é capaz de voar. Sem esse desconforto você não sairia do lugar, então aproveite.

34. Pare de buscar o amor da sua vida e se concentre em construir o relacionamento da sua vida. É mais difícil desapegar de coisas boas que chegaram ao fim e falar *não* para elas do que para coisas extremamente ruins. Tenha coragem de fazer o que deixa o seu coração em paz e encerrar cada ciclo no seu tempo Divino.

35. Você nunca estará 100% pronto para algo que nunca viveu. Prepare-se, mas lembre-se de que só a experiência em si fará você se transformar verdadeiramente.

36. Abandone o medo de errar e de se arrepender. Mesmo que isso aconteça, é justamente a dor do arrependimento que fará de você alguém mais consciente e maduro.

37. Seja movido e guiado por valores. Quem toma decisões na base do medo, do ódio ou do prazer momentâneo está plantando sementes amargas de frutos que um dia serão colhidos.

38. A sua realidade se transforma conforme você evolui e se desenvolve. Invista tempo, energia, dinheiro e recursos no seu aprimoramento como ser humano. Essa é a sua missão, é para isso que você está sendo chamado.

39. A autossabotagem não está contra você. Ela, na verdade, honra a sua programação original, o seu termostato interior, as suas crenças de vida. Mude a sua autoimagem interna e desbloqueie novas realidades externas.

40. Você é amado. Sempre foi e sempre será. Toda vez que sentir o contrário disso, está afastado de quem te permite a Vida. Você é merecedor do Amor Divino e de transbordá-lo na Terra.

Nem acredito que chegamos até aqui. Finalizei um livro que a minha mente sempre disse que eu não seria capaz de criar, e você cumpriu o seu compromisso de lê-lo até aqui. Estou muito feliz e orgulhosa pela nossa coragem! Despertar quem somos é desafiador e requer muita humildade de espírito, então reconheça isso.

Que essa leitura tenha sido um portal para que a consciência de Deus ilumine a sua em tempos sombrios. E que, pouco a pouco, você desconstrua quem *está* para despertar quem verdadeiramente *é* e então transborde o Divino em outras vidas.

Eu amo e honro a sua vida,

Gabi
@gabrielastapff

Editora Planeta *Brasil* | **20** ANOS

Acreditamos nos livros

Este livro foi composto em EB Garamond e impresso pela Geográfica para a Editora Planeta do Brasil em maio de 2023.